多课型混搭

课堂数字化转型新路径

邹贤莲 / 主 编

ZHEJIANG UNIVERSITY PRESS
浙江大学出版社

图书在版编目(CIP)数据

多课型混搭：课堂数字化转型新路径 / 邹贤莲主编 . — 杭州：浙江大学出版社, 2022.12

ISBN 978-7-308-23230-2

Ⅰ. ①多… Ⅱ. ①邹… Ⅲ. ①多媒体教学—课堂教学—教学研究 Ⅳ. ①G434

中国版本图书馆 CIP 数据核字(2022)第 205027 号

多课型混搭：课堂数字化转型新路径

邹贤莲　主编

策划编辑　金　蕾(jinlei1215@zju.edu.cn)

责任编辑　金　蕾

责任校对　秦　瑕

封面设计　闰江设计

出版发行　浙江大学出版社

（杭州市天目山路 148 号　邮政编码　310007）

（网址：http://www.zjupress.com）

排　　版　杭州林智广告有限公司

印　　刷　杭州高腾印务有限公司

开　　本　710mm×1000mm　1/16

印　　张　15.25

字　　数　260 千

版 印 次　2022 年 12 月第 1 版　2022 年 12 月第 1 次印刷

书　　号　ISBN 978-7-308-23230-2

定　　价　88.00 元

《多课型混搭：课堂数字化转型新路径》编委会

主　编： 邹贤莲

副主编： 甯桂彬　幸仁娇　杨娅莉　唐梦菁　张道敏　程　姣　黄　潇　张媛媛　伍欣欣

编　委（按姓氏笔画排序）：

王　红　王　惠　王　睿　王代超
王思琦　王景莹　王媛媛　王璐露
邓小琴　兰家萍　向雪萍　刘　畅
刘清青　李　泽　李　婧　李海英
邱睿黛　余红秀　汪　云　张琬雲
张瑜瑶　陈　琳　陈雨双　陈昀希
陈治佑　罗　燕　周　听　周开铭
周如月　周显锋　周恒洋　胡　文
胡小琴　闾洪娇　秦　婷　秦　雷
晏　妮　唐　雪　彭光羽　彭美霞
蒋芳芳　谢良慈　解昊翔　谭　林
谭　璐　熊晓华

学术指导： 蒋艳双　杨晓哲

前言

Preface

混搭，表达一种交叉、组合的含义，时常用在时装界、科学界、文化界、信息技术界等领域中，表达不同元素的结合创新，既差异共存，又美美与共。

多课型混搭是孵化本书的重庆市两江新区行远小学正在探索的课堂变革新路径，即教师根据不同的学情基础、学科特征、课程内容等，选择匹配不同的课型，切实转变教与学的方式。这是学校校本化实施国家课程的新策略，更是学校进行课堂数字化转型的新探索。

多课型混搭是一场“先解构，再建构”的结构性变革，因为课堂是一个包涵时空、师生、技术、教材、资源、学情等诸多要素的复杂系统。多课型混搭就是依托智慧教学平台，将课堂要素进行分解与重构，通过延展学习空间、弹性设置课堂时长、重塑师生角色、重新搭建班级规模等，最终形成单班创生课、开合班组课、室外探究课、双线双师课以及网络直播课五大课型。

多课型混搭源自“新”。行远小学于2018年9月开门办学，是从一片废墟中拔地而起的新学校，一切从零起步，架构从无到有，师生由少到多，尽管遇到了很多新问题和新挑战，但是于白纸上的蓝图绘就，总能更顺意，更有发挥空间。一群充满干劲、活力、智慧的教师，怀揣希冀和创业热情，在新学校许下一个个美好的约定，然后跨入课堂改革的深水区，努力挣脱束缚，想要带着学生向知识的深海遨游。教师们把传统课堂中已经固化了的元素解构、重组和更新，千方百计让其中的每个元素在环境变量中自适应，从而让每个元素都发挥价值，产生功效，一如新建的学校在有限的资源条件下的人尽其才、地尽其利和物尽其用。

多课型混搭成于“实”。行远小学的校名出自《礼记·中庸》中“君子之道，辟如行远必自迩，辟如登高必自卑”，昭示干事创业既要有“登高”“行远”的目标，又要自“卑”处、自“迩”处始的作风。每当九月开学季，教师们牵着一个个六七岁的稚嫩孩童时更加明白：教育是千千万万件小事的具体落实和执行，需要在日日夜夜的纷繁事务中去坚守和去创新。于是，脚踏实地工作，真抓实干育人，心无旁骛办学，逐渐成为行远品质，刻进了行远人的基因里。

多课型混搭向往“光”。正像教师们在探索路上反复打磨，吟诵千遍也不厌倦的原创小诗《裂缝中的微光》：

这里，
一方斗室，窗明几净；
这里，
方寸之间，闪耀银屏；
这里，
突破边界，传统与智慧相映；
或风雨如磐，
或来一次静悄悄的革命。
我在这里，寻一束光。
曾经，一支小小的粉笔撑起知识的殿堂；
如今，一块方方的屏幕连接世界的宽广；
曾经，四面墙壁将你困在这里；
如今，缤纷课堂有你渴求的目光；
这里，
一砖一瓦都记录着你的足迹；
书声朗朗，回荡教室；
智慧公园装满好奇；
园博园浓缩祖国大地。
我在这里，望一束光。

你，
自信大方，笑声爽朗；
你，
天真无邪，个性飞扬；

如展翅的雏雁，
在行远的路上。
春去秋来，结伴翱翔；
万物养正，雁扬远方；
我在这里，追一束光。
初出茅庐，无所畏惧；
循梦而来，步履坚定；
不忘初心，潜心教育。
比起高歌的酣畅，
我们更喜爱每一段真实的呢喃；
比起荣誉，
我们更珍视每一位孩子的成长；
比起功勋，
我们更热爱每一天相处的芬芳。
我在这里，乘一束光。

迎着曙光，
你站在小路的这一端，
看着他背着书包慢慢成长，
从稚嫩孩童到小小少年，
清晨日暮，寒来暑往。
我在这里，守一束光，
守一束光。

寻觅，
去摸索光明的边际；
前行，
去探寻智慧的阶梯；

憧憬，
去点燃彼此的梦想。

长路漫漫，
即使前方满布荆棘，
也可以带着微薄的行李和最丰盈的自己：
前行，向未来；
传承，致久远；
朝着光亮那方。

半山雁语，行远微光。矗立于火凤山腰、机场路上的重庆市两江新区行远小学，借新建之契机，不断守正创新，通过课程的体系化设计和课堂的结构性变革，让学校充满了生命力和创造力，踏上高效能运转和内涵式生长的快轨。

五智行远，教育微光。置身飞速发展的新时代，在教育亟待转型升级的时局情势下，学校的多课型混搭探索，是技术突围，也是认知觉醒，更是责任担当。在这个充满无限可能的智能新时代，我们期待此书能成为一米微光，能够汇聚更多同行的友人，让我们共研、共享、共成长。

这是一群人的深修诚砺，更是一群人的携手共进。在本书探索、编写、出版过程中，感谢华东师范大学杨晓哲教授在“AI+OMO”课堂实验学校项目中对行远小学的悉心指导，感谢重庆名师罗化瑜工作室、重庆名师郭莉工作室对行远小学教师的指导培养，感谢重庆市教育科学研究院初等教育研究所康世刚博士一行对行远课堂的诊断引领，特别感谢重庆市两江新区管委会、重庆市两江新区教育局、重庆市两江新区教育发展研究院对行远智慧教育的关怀与托举。

编　者

2022年9月

目 录

Contents

第一章

线上线下融合：五大课型的形塑与升级

新课改背景下，一场疫情催化了如火如荼的课堂变革。行远小学在智慧教育建设快速发展的背景下，依托智慧教学平台，将课堂要素进行分解与重构，通过延展学习空间、弹性设置课堂时长、重塑师生角色、重新搭建班级规模等，最终形成单班创生课、开合班组课、室外探究课、双线双师课以及网络直播课五大课型，切实改变教与学的方式，形成课堂新范式。

论文成果

缘起与尝试：从应急举措到常态化应用

21世纪以来，在科学技术的高速发展下，我们的工作和生活都发生着巨大的变化，教育也面临着极大的挑战。随着《义务教育课程方案和课程标准（2022年版）》的修订强调素养导向，突出实践育人，课堂作为教育的主战场，是时候步入教育变革的深水区了。我们需要深入课堂这一复杂系统，把课堂中的原有元素进行解构与重组，从而重塑教师与学生的角色定位，探索新的课堂组织方式。

重庆市两江新区行远小学教与学的方式发生巨大改变的真正契机来自一场疫情，居家教学的应急举措让这所学校找到了课堂变革的新可能。在近两年的不断迭代创新与探索中，行远小学形成了多课型混搭的学习新范式。

一、缘起：多课型混搭的探索缘由

（一）教育信息技术演绎的必然性

2000年10月，全国中小学信息技术教育工作会议的第一次召开，标志着我国教育信息化进程的开始。多年来，在政府的大力支持和推动下，我国教育信息化长足发展，教育领域内的教育信息化硬件及网络建设条件和水平不断得到提升。2012年，教育部发布《教育信息化十年发展规划（2011—2020年）》。该文件提出以教育信息化带动教育现代化，破解我国教育发展的难题，促进教育的变革创新。教育信息化的本质，就是在教育过程中较全面地运用以计算机、多媒体和网络通信为根底的现代信息技术，促进教育改革，实施素质教育，培养适应信息化社会的创新人才。

现代信息技术在教育领域的渗透和应用，极大地改变了教育的技术手段和方式，学校顺应新技术的发展，借势推进线上教学技术平台的大规模应用。通过重组教育资源，打破传统课堂固有的填鸭式教育，回归育人本质。

（二）非常时期的非常智慧

行远小学地处重庆市两江新区。重庆市两江新区作为内陆地区对外开放的重要门户，全力打造以大数据智能化创新为引领的智慧之城，智慧基因提前根植于行远小学的探索之旅。建校初期，学校就明确提出探索智慧教育，培养“全面发展、个性飞扬的未来型小公民”，面向未来新路，不能再走传统老路。学校进行了一系列大胆尝试与科学探究，师生的校园生活产生了新样态，学习变得更加真实、生动。

2020年初，迅猛而来的新型冠状病毒肺炎疫情倒逼线上教学全面展开。面对全新的线上教学要求，探索初期的教师们如同摸着石头过河，迷茫无措，遇到了许许多多的新问题，但同时也衍生出许许多多的真智慧。

1.设备缺乏：物尽其用的改造智慧

书写示范需要录制视频，但家里没有专业的录制设备，该怎么解决这个问题？教师们用常见的衣架固定手机，就组成了一个简易的微课录制器。没有条件，就创造条件，“小米加步枪”，也能上战场，书写与示范，样样不耽误。

2.技术不足：人尽其才的众筹智慧

疫情逼迫下，面对教师参差不齐的信息素养，怎么保障线上课程顺利开展？学校不得不在“矮子里面拔高个”，临时成立技术小组，通过搭建“一键式”线上直播教学平台，拟定网络直播课程操作手册，开展学校教师全员直播培训与调试，形成网络直播课程实施建议，制订“行远智・课堂网络直播课堂操作清单”。非常时期呼唤非常智慧，在居家教学时，教师们都被倒逼成“信息技术教师”。

3.隔着屏幕：非常时期的教研智慧

因疫情隔离在家，教师们处于天南地北，如何开展线上教研，确保课堂质量？经过充分研讨，教研组要求教师根据个人优势进行分工合作，由教学经验丰富的教师把握课堂目标、撰写教案，由审美能力强、信息素养高的教师解决技术问题、制作课件，由亲切随和、声音甜美的教师线上讲授。这样的分工，让工作更加高效，保证了课堂的质量。

（三）疫后复学的教学升维

复课开学后，学校当作一切都没有发生，完全回到原来的教学模式，还回得去吗？毋庸置疑，答案是回不去了。从线下到线上，再回到线下，并不是原地打转。一场疫情彻彻底底地改变了原有的认知，原来课堂不一定发生在教室，学习不一定发生在校园，知识不是单向传输。于是，疫后复学的教育教学都要进行整体的调整。学校以班级规模的重组、师生角色的重塑等方面为切口，进行深入探索。

这些探索给予了学校跨入课堂改革深水区的勇气和底气。具体而言，就是将课堂中原有的元素，包括师生、教材、资源等进行解构、重组和更新，通过时空延展、角色重塑、内容重构，突破线上线下、课内课外、校内校外的局限，让每个元素在环境变量中自适应，让课堂真正为学习服务，实现教学升维，探寻学习新范式，多课型混搭之路也就应运而生。

二、尝试：多课型混搭的生长之路

（一）主题课程推送

疫情防控期间，为了缓解学生与家长的居家焦虑情绪，学校第一时间成立“行远智·课堂”线上课程项目组，以微信公众号为载体，每天推送一期主题课程。

该主题课程的内容聚焦新型冠状病毒肺炎疫情，融合语文、数学、美术、科学、历史等学科知识，让学生进行有关联性的学习。例如学校策划了“智斗病毒”“最美逆行者”“时代楷模”等一系列课程（见表1.1）。在孩子居家学习期间，学校考虑到家长能够智慧陪伴，为利用家长在家陪伴的时光，在教学安排中增加家长的参与感，每期课程都采用“1+N+1”的教学模式，“1”即“听听教师讲”，“N”即“自己动手做”，“1”即“爸妈一起来”，家校共育，提升线上教学质量。短短半个月，线上课程便走向正轨。

每一期主题课程的研发，都要历经确立课程主题、整合相关题材、筛选优质平台、链接有效资源等关键环节，这些主题课程通过融合主题与综合学科知识，打开学生眼界，让学习更加真实。这与《义务教育课程方案和课程标准（2022年版）》中提到的优化课程内容组织形式，跳出学科知识罗列的窠臼，通过主题、项目、任务等形式整合课程内容的要求不谋而合。

线上教学的学习效果需要家长和学生的反馈，教育教学方式的创新与改变离不开科学的调研。在行远小学推出“智·课堂”后，学校通过对教师、学生与家长三个群体的调研，发现利用微信公众号推送线上课程存在一系列问题，如教师得不到学生的及时反馈，学生缺少真实的学习氛围，家长不知如何监督等。于是，线上课程项目组改变了课程组织形式，展开了第二阶段的探索。

表1.1　行远小学“智·课堂”第一阶段课程内容安排

时间	课题	时间	课题
1月28日	新冠病毒	2月4日	时代楷模
1月29日	病毒简史	2月5日	国际文化
1月30日	最美逆行者	2月6日	人与自然
1月31日	汉字文化	2月7日	科学力量
2月1日	中国速度	2月8日	元宵佳节
2月2日	智能生活	2月9日	成长总结
2月3日	新闻谣言	2月10日	网络开学礼

（二）线上课程直播

时值教育部提出“停课不停学”的号召，行远小学及时调整线上教学方案，利用钉钉直播平台探索了“云上开学典礼”和一系列线上课程的教学模式。自此，行远“智·课堂”从微信课程推送，转变为钉钉教学平台直播。

线上直播时，教师可以快速掌握学生线上学习的情况，通过摄像头云上见面、连麦交流，增加了线上课程的互动感。教师们初步尝到了线上课程的甜头。

第二阶段的行远小学的“智·课堂”，采用“上午线上直播课程+下午自主实践+晚上答疑交流”的模式，内容以数学文化、主题式阅读、思维训练、手工创意等学科实践和拓展为主（见表1.2），充分发挥家长的陪伴力量，增加家长的参与感，发挥家校合力，形成学生乐学、教师智教、家长趣陪的宅家新样态。

表 1.2　行远小学“智・课堂”第二阶段第三周安排

节次		主题	周一 2月24日	周二 2月25日	周三 2月26日	周四 2月27日	周五 2月28日
第一节课： 语文生活 9:00—9:35	一年级	勤奋励志 坚持不懈	《竹石》	《咏梅》	《石灰吟》	《劝学诗》	《冬夜读书 示子律》
	二年级	跟着诗歌去旅行	《从军行》	《绝句》	《早发白帝城》	《黄鹤楼送孟浩 然之广陵》	《枫桥夜泊》
9:35—10:05	课间休息（体育律动）						
第二节课： 数学文化 10:10—10:45	一年级	趣味七巧板	《七巧板的 认识》	《有趣的 七巧板》	《拼一拼》	《十字图的 数字谜》	《女数学家》
	二年级	“数”的文化	《数学家眼 中的数》	《数学家眼 中的数》	《对联中的数》	《方格中的 数——数独》	《算式中的数》
10:45—11:00	课间休息（小曲欢唱）						
第三节课： 综合实践 11:00—11:35	一年级	1. 科学来啦 2. 道法：二十四节气 3. 美术：手工制作 4. 音乐：交响文化	《立春》	《Cat on the Mat》	《玩偶大本营・ 蛋壳小玩偶》	《酵母》	《命运交响曲》
	二年级		《命运交响曲》	《玩偶大本营・ 蛋壳小玩偶》	《酵母》	《我的短元音 朋友——e》	《雨水》
11:35—14:00	午餐午休						
学习实践 14:00—15:00	课程	“云”上辅导	语文： 字词听写	数学： 解决问题培养	语文： 课文朗读	数学： 计算能力提升	班会： “云”上手工坊
	形式		开合班组	开合班组	分班（学习 小组）	分班（学习 小组）	开合班组
15:00—15:30	自主休息						
自主实践 15:30—16:30	课程	“云”上美食	全体教师政治 学习	亲子电台： 美食	亲子电台： 美食	共进课程： 病毒大作战	亲子电台： 手工
	形式			班级自主安排	班级自主安排	年级自愿参加	班级自主安排

之后，随着重庆市教委印发《关于中小学校“停课不停学”线上教学工作指导方案》，行远小学“智·课堂”依循课程标准，将教材内容顺势优化。

不久，家长们逐步复工，学生的居家学习没有了家长的陪伴，课程又该如何调整？参照以往在校的作息安排，居家学习同样设置晨读、晨练时光，营造宅家学习的仪式感与氛围感。上午进行年级统一的“微课学习+实践练习”新授课，下午进行分班的“分层作业+弹性作业”辅导，结合个性化辅导和自主实践，确保学生居家学习的效率和质量（如表1.3、表1.4）。

表1.3 行远小学“智·课堂”第三阶段作息

<table>
<tr><th>主题</th><th>时段</th><th>时间</th><th>周一至周五</th><th>备注</th></tr>
<tr><td rowspan="2">1听听教师讲</td><td rowspan="2">上午时光</td><td>8:45—9:00</td><td colspan="2">课前准备</td></tr>
<tr><td>9:00—9:35</td><td>第一节课（语文）</td><td>微课学习+自主实践</td></tr>
<tr><td rowspan="4">1听听教师讲</td><td rowspan="4">上午时光</td><td>9:35—10:10</td><td>休息（体育锻炼）</td><td>锻炼休息</td></tr>
<tr><td>10:15—10:50</td><td>第二节课（数学）</td><td>微课学习+自主实践</td></tr>
<tr><td>10:50—11:05</td><td>休息（小曲欢唱）</td><td>锻炼休息</td></tr>
<tr><td>11:05—11:40</td><td>第三节课（综合）</td><td>微课学习+自主实践</td></tr>
<tr><td colspan="2">中午时光</td><td>11:40—14:00</td><td>午餐午休</td><td>自主安排</td></tr>
<tr><td rowspan="6">N自己自动手做</td><td rowspan="6">下午时光</td><td>14:00—14:30</td><td>学习实践</td><td>自主学习</td></tr>
<tr><td>14:30—15:00</td><td>休息（眼保健操）</td><td>自主安排</td></tr>
<tr><td>15:00—15:25</td><td>语文辅导</td><td>班级群自主</td></tr>
<tr><td>15:25—15:35</td><td>休息</td><td>自主安排</td></tr>
<tr><td>15:35—16:00</td><td>数学辅导</td><td>班级群自主</td></tr>
<tr><td>16:00—17:00</td><td>实践课程</td><td>班级群自主</td></tr>
<tr><td rowspan="3">1家校一起来</td><td rowspan="3">晚上时光</td><td>19:00—19:30</td><td>答疑交流</td><td>班级群自主</td></tr>
<tr><td>19:30—20:00</td><td colspan="2">亲子共创</td></tr>
<tr><td>20:00</td><td colspan="2">睡眠休息</td></tr>
</table>

表1.4　行远小学“智·课堂”第四阶段作息

<table>
<tr><th>主题</th><th>时间</th><th>周一至周五</th><th>备注</th></tr>
<tr><td rowspan="5">1听听教师讲</td><td>8:20—8:50</td><td colspan="2">晨读时光</td></tr>
<tr><td>8:50—9:00</td><td colspan="2">课前准备</td></tr>
<tr><td>9:00—10:00</td><td>第一节课（语文课程）</td><td>日积月累+微课学习+自主练习+辅导交流</td></tr>
<tr><td>10:00—10:30</td><td colspan="2">晨练时光</td></tr>
<tr><td>10:30—11:30</td><td>第二节课（数学课程）</td><td>日积月累+微课学习+自主练习+辅导交流</td></tr>
<tr><td colspan="2">11:30—14:00</td><td colspan="2">自主时光</td></tr>
<tr><td rowspan="2">N自己动手做</td><td>14:00—16:00</td><td>主题课程</td><td>互动准备+微课学习+实践操作+交流互动</td></tr>
<tr><td>16:00—19:00</td><td colspan="2">劳动时光</td></tr>
<tr><td>1家校一起来</td><td>19:00—19:30</td><td colspan="2">答疑交流</td></tr>
</table>

经过几个月的线上直播探索，教师们深刻体会到技术与教学融合的力量，线上教学不仅能够突破时空限制，还能最大化整合运用优质资源。

（三）双线融合尝试

疫后复学，如何运用线上教学的经验和基础？如何将线上优势融入线下教学中？学校进行了双线融合教学的尝试。

首先应当选择适宜的智慧教学平台。通过综合考量，学校最终选择了强交互、低延迟、多资源的平台，如Classin平台。

探索之初，学校采用了主要以年级为单位的双线融合课。晨读时光，由语文教师轮流线上指导，发布晨读任务，以“齐读+自由读”的形式组织全年级晨读，其余教师则利用该时段进行教研活动。

之后，逐步将双线融合课从年级推广到全校的集会、影视课程中。这种课程依然需要1名线上主导教师，但无论是年级还是全校的线下巡视，仅需1名教师就能实现。

就这样，无论是双线融合课还是双线融合管理，都是对现有设备与平台的充分使用，也是对教师资源的最大节约。于是，双线融合模式成为双线双师课的雏形。

（四）双线双师初探

随着双线融合模式逐步推广到学科教学中，教师们突破传统的单班教学，创新尝试年级课、年段课，打破了“单打独斗”的局面。

在班级规模上，从1个自然班发展到随需链接多个班级。骨干教师轮流担任主备教师，牢牢确保课堂质量。每堂课只需设置1名线上主导教师精备精导，其余教师则担任线下伴学，无缝配合，协助教学。

探索之初，2名教师缺少配合经验，授课环节分工不明，导致课堂氛围混乱。面对屏幕上的线上教师和面对面的线下教师，学生常常不知所措。

于是，教师们深入研讨，明确线上、线下教师的定位与分工。教学时，线上教师针对核心问题进行讲解，线下教师作为伴学的身份实时观察学情、分层辅导，同时督导学生完成学习任务单，以合作、体验、探究等学习形式，为学生留足自主学习的时间。

这样的双线双师课，既改变了“你教我学”的传统模式，又充分发挥教师的优势，做到目标和内容精准化、备课精细化、主播教师精选化、课堂环节精炼化，实现课堂高效能。至此，双线融合模式逐步稳定，成为教师们的最优选项，双线双师课随之诞生。

（五）多课型探索，切实转变教与学的方式

但在实际的教学过程中，教师们发现并不是所有的学科和内容都适合上双线双师课。

我们应该根据学科特征、学情基础、教学内容等综合因素来选择不同的课堂组织形式。在智慧教育建设快速发展的背景下，行远小学依托智慧教学平台，将课堂要素进行分解与重构，通过延展学习空间、弹性设置课堂时长、重塑师生角色、重新搭建班级规模等，最终形成单班创生课、开合班组课、室外探究课、双线双师课以及网络直播课五大课型（图1.1），切实改变教与学的方式，形成课堂新范式。

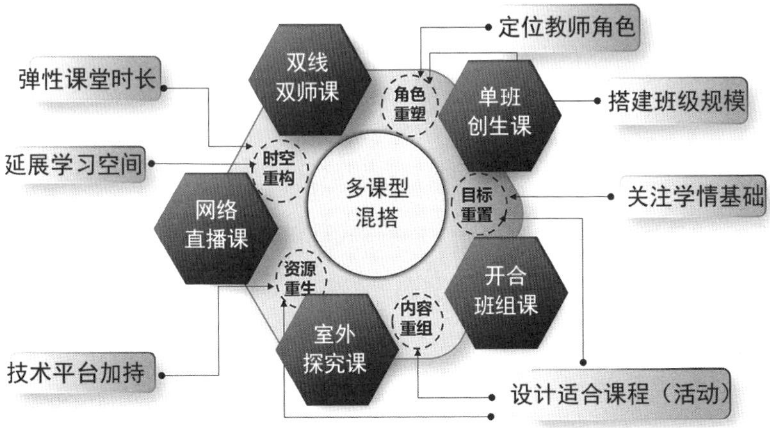

图 1.1　五种课型要素重构

五种课型关注到了学生的基础差异与个性化的学习需要。五种课型混搭是“因材施教”理念的价值回归，是课堂变革的新路径，是探索国家课程校本化实施的新策略。从应急而来的线上教学到常态化开展的五种课型，如何进行模型搭建？该有怎样的实践逻辑？我们的探索与续写都在路上。

构建与体系：从组织设计到模型建立

随着《义务教育课程方案和课程标准（2022年版）》的颁布，课堂更指向育人培养的核心素养，课堂改革的宗旨是学习方式和教学方式的切实转变，而多课型混搭首先从课堂的组织形式上体现了这一目标。在探索中，我们需要首先考虑的是强有力的组织支撑和科学的模型建立，以此把握课堂组织的新规律、新方法，保障课堂质量。

一、多课型混搭的组织架构

从建校始，行远小学聚焦“学生、教师、家长”三类核心人群，研发教师修远课程、学生砺行课程、家长共进课程。围绕三类核心人群，学校设立了五大部门：教师发展部、学生成长部、资源服务部、智慧研创部以及后勤保障部。一部门一课题的管理模式确保人的成长共进和学校的内涵式发展。至此，五大部门融通成为多课型混搭最基本的组织支撑。

同时，围绕着技术赋能的核心思想，学校在组织架构的基础上提出了“五创”原则——“创想”“创见”“创能”“创作”“创汇”，力求通过“五创”原则，引导师生不再拘泥于书本知识，在信息技术平台的加持下能够不断地突破自我，在开放的学习场域和自主的学习方式中，成为与时俱进的新时代智慧型师生，逐步形成信息技术与教育教学系统融合的新样态。“五创”原则成为多课型混搭的设计动能。

在触及教育内核的课堂变革中，学校提出了“线上+线下”“云端+实体”共建的“五智”行动双轨建设路径，即在原有的三类课程、五大部门的体系架构上，对应形成了学生智学、教师智研、家长智陪、学校智理、社会智联的智慧育人新模式，为多课型混搭的高效能运转和内涵式生长提供科学的体系保障。

在“五部”融通、“五创”原则、“五智”行动的顶层支撑下，学校踏入课堂改革的深水区，依托智慧教学平台，将课堂要素进行分解与重构，通过延展学习空间、弹性设置课堂时长、重塑师生角色、重新搭建班级规模等，最终形成单班创生课、开合班组课、室外探究课、双线双师课以及网络直播课五大课型，切实改变教与学的方式，形成课堂新范式（图1.2）。

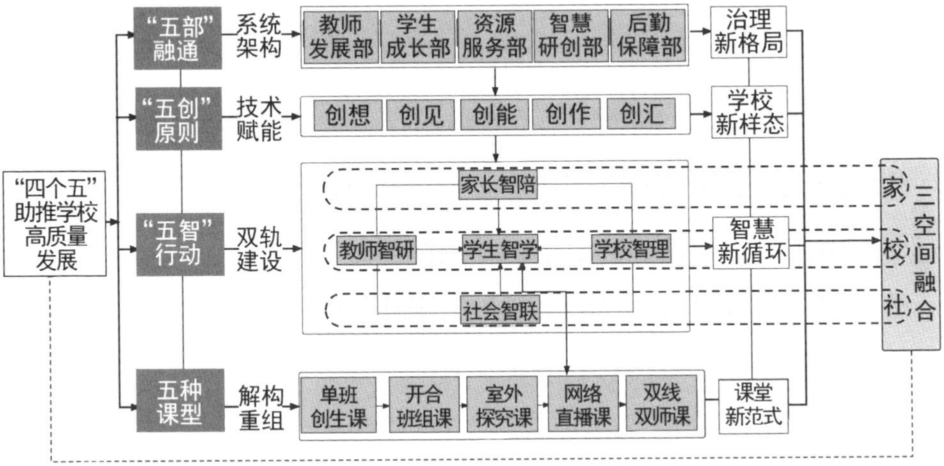

图1.2　学校组织架构

二、多课型混搭的模型建立

多课型混搭该有怎样的模型架构？在探索中，我们发现教学时空、师生角色、资源、平台等重要的课堂元素都需要遵循一定的建设逻辑。

（一）学习时空的延展逻辑

延展学习时空是探索多课型混搭的前提与基础。通过延展学习时空，学校能够营造适合师生成长的教育环境、构建培养学生核心素养的学习空间，让每个学生都能在“学习时空”里“自然而然”地找到适合自己、行之有效的学习方式，获得面向未来、面向社会的个性化发展的机会。

延展学习时空包含营建开放的学习空间、设置弹性的学习时间。于是，学校构建了线上线下融合的教学场域，精细安排学生的在校作息时间，让校园生活课程化，形成“校内+校外”的学习共享场。

在学习空间上，学校打破传统线下教学模式，将课堂从线下整体升维到线上，提出“云端+实体”共建、“线上+线下”共融的建设路径。具体做法是：基于不同的硬件设施，设置室外探究课、开合班组课、单班创生课三种课程类型；同时借助线上教学平台，开设双线双师课和网络直播课。这种双线融合范式突破了“教与学的时空界限”，打造了“无边界的学习圈”，让学习贯穿于“任何时空节点”（图1.3）。

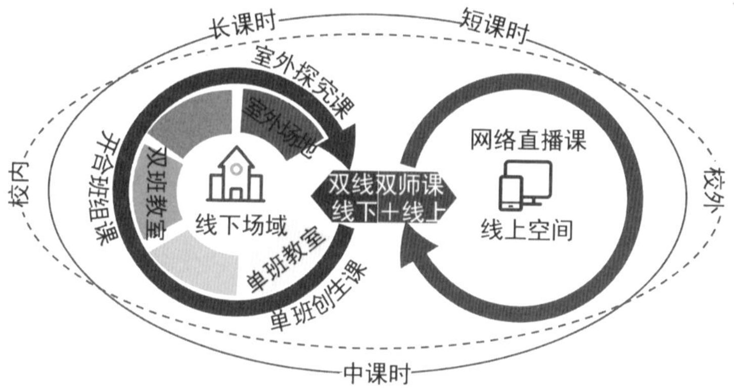

图1.3　五种课型学习时空延展

在学习时间上，依循学生身心成长规律和学科特点，打破“一刀切”的作息时间，将课时设置成15或20分钟的短课时、30或35分钟的中课时、50或60分钟的长课时，同时设置晨练时光、小曲欢唱时光，晚上设置亲子交流时光……在“长+中+短”搭配的弹性作息模式基础上，配置不同的课程和课型，让学生成为学习的“主角”，避免学生成为被安排的学习机器，让每位生命个体在校时是更充实的、更自主的、更舒展的、更快乐的。

（二）教师、学生的角色定位

转变师生的角色观念是进行多课型混搭的必然要求。教师经历了从“主宰者”到“传授者”再到“促进者”的转变，学生经历了从“要我学”到“我要学”再到“我会学”的变化。师生角色定位的转变，可以保障学生的主体地位，激发学生的兴趣潜能，提升课堂教学的效能质量。

在多课型混搭的探索中，师生的角色定位可以随需进行灵活切换（图1.4）。一节课中，教师可能是活动设计者，也可能是资源开发者；学生可以是学习合作者，也可以是问题探究者……在线上与线下深度融合的教学活动中，师生多样化角色切换的目的是使人能够成长为适应社会的“学习者”，适应未来的“数字公民”，最终扮演“面向未来的终身学习者”。

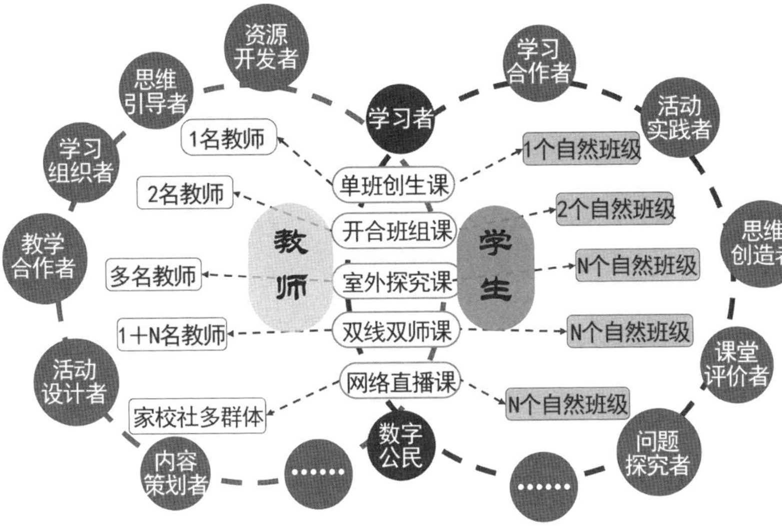

图1.4　五种课型师生角色定位

（三）技术平台的智慧融合

我们不能否认“教育围墙”的存在，但技术与教学的深度融合能在一定程度上帮助人们重新配置时空，重新整合资源，以此打破学科壁垒，重塑课堂边界。玩转用活新技术、新平台，已经成为多课型混搭的有效抓手。

行远小学以“轻设备、重应用”为导向，从硬件基础、平台应用、用户端口三维度入手，重构课堂变革的技术路线，充分发挥人的智慧，提升全员信息素养。

（1）硬件基础在智慧校园建设中的运用。学校以教学信息化和管理信息化为切入点，配备智慧大屏、智能平板电脑、AI机器人、直播设备等信息化基础设施，促进信息技术与课程教学深度融合，构建了集智慧教育教学、生活、管理和文化于一体的智慧校园。

在智慧课堂建设中，技术应用无处不在，技术派教师在我国教育数字化转型中扮演重要角色。教师需要用技术解决问题，用技术减负增效，不断学习技术派教师总结的攻略，既能成为生活中的技术达人，又成为教育教学中的技术达人。物尽其用，人尽其才，才能盘活现有资源，玩转技术平台，这是多课型混搭的必经之路。

（2）为平台应用搭建好硬件设备，还需要建好平台、整合资源，在教学、评价、教研之间架起互联共享的桥梁。目前通过校企合作，学校定制开发了“行远钉”。它集成了国家中小学智慧教育平台、重庆·两江教育云平台等资源，将Classin作为专用智慧教学平台，具有一站式开展教学管理、综合评价、互动教学等业务功能，实现数据的一次采集、多方利用，为教师提供更便捷、更轻量的教学服务，为多课型混搭探索提供真实有效的数据反馈。

（3）用户端口多年的智慧课堂探索。学校深刻地认识到无论是育人方式变革还是育人质量的提升，都不单单是学校教育能够完成的。因此，教师智研、家长智陪都是学生智学的有力抓手，需要网络支持下的终端应用，只有这样，教师的备课研讨、家长的陪伴引导才能切实为学生的学习成长助力。

学校链接学生、教师、家长三类人群，形成教育信息化共同体，通过开放、共享的信息化渠道，建立家校社协同的育人愿景，达成教育共识，凝聚教育合力，建立三空间融合的协同育人新平台（图1.5）。

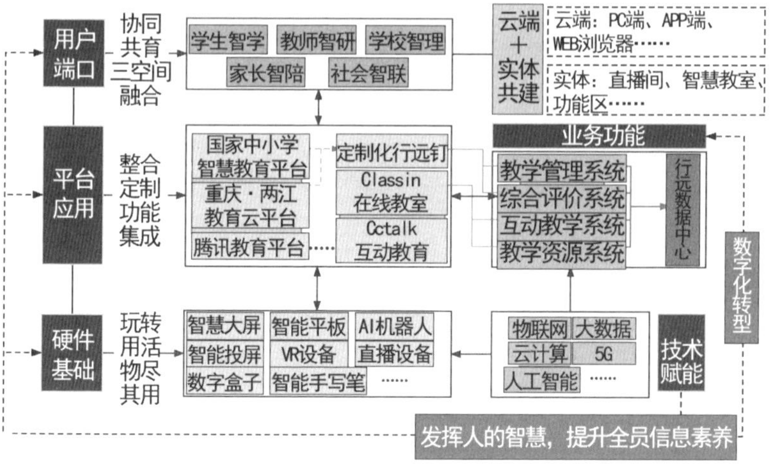

图1.5　五种课型技术平台融合

（四）资源内容的创生重组

随着多课型探索的深入，学校教育资源和服务供给越来越丰富，校外的优质内容、应用平台也不断得到增加，因此对资源进行创生重组是探索多课型混搭的重要策略。

在多课型混搭的探索和开发中，如何把资源转化为“学习的生产力”？我们整合校内校外的多方资源，挖掘与教育相关的一切要素，通过四项策略（人尽其才，多群体共创；时尽其效，多时长共生；地尽其利，多场域共享；物尽其用，多平台整合），实现资源的创生、内容的重组（图1.6）。

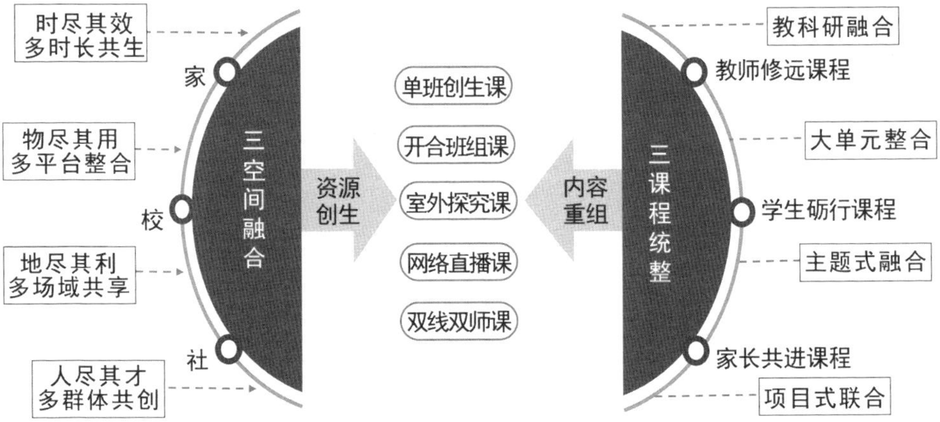

图1.6　五种课型资源内容创生

三、多课型混搭的保障支撑

（一）现代信息化的环境支撑

现代信息化是多课型混搭模式的“硬支撑”。我们在学校设置畅通的网络、专门的课程直播间、多媒体网络教室和“非正式学习区”，以满足多课型教学的运行需求。

1.畅通的网络

为避免上课出现网络卡顿现象，学校在进行教学环境建设之初将原有的50M专线网络调整为电信1000M宽带，保障教师在进行网络直播和学生在校内使用平板电脑时网络的畅通稳定。

2.课程直播间

基于疫情防控期间居家线上教学的经验，学校专门为线上教师设立了多个直播间。直播间配备电脑、高品质话筒、高清摄像头、音频处理器、有线网络等，直播间外还设有“形象加油站”。这保障了双线双师课和网络直播课规范有序地运转。

3.多媒体网络教室

每间教室都安设计算机、电子白板、平板电脑、高清摄像头、高清转换器、收音话筒等信息设备。这些设备将乏味单调的课堂知识形象地体现在声音、图像、影视和动画中，让基于交流、讨论的各类课型成为可能，极大地增强学生的学习参与意识，提高了教学质量。

4.非正式学习区

学校营建了多个非正式学习区，该区域配备有网络和电脑。电脑里卸载了娱乐小程序，而安装了学习APP。每周，智慧研创部会发布智学小任务，孩子们利用课间，自主琢磨、学习探究，并按要求在线提交。这样的智学安排，让孩子们的技术素养得到快速提升，平板电脑等智能终端成为像纸笔一样的学习工具。

（二）智慧众筹的教研支撑

多课型混搭如何落地生长？学校根据不同的课程内容、学习基础和学科特征，利用“周总课表”实现多课型混搭。

每周有周总课表一张，周周不同。每周，学科主任都会召集教师们进行下一周的集体备课，从学科、年级、主题、目标、课型、负责人几方面落地，最后汇总成全校的周总课表（如表1.5）。

表 1.5　行远小学周总课表

类别	年级	内容	第二周					
			第一课次	第二课次	第三课次	第四课次	第五课次	学科作业规划
语文	一年级	课题	养正课程	养正课程	我是中国人	我是小学生	我爱学语文	这三课为入学教育，没有课后练习，所以作业规划为： 1. 做教师打印的题单。 2. 预习第一课《天地人》。 3. 作业完成好的同学有自主安静阅读时间，在他们阅读时，教师可以对个别作业完成困难的孩子进行辅导。
		目标	1. 了解升旗仪式的意义。 2. 学会升旗仪式的礼仪。	1. 了解眼保健操的意义。 2. 学会做眼保健操。	1. 通过听读句子，知道我们的祖国是中国，感受作为中国人的自豪。 2. 通过观察画面，初步了解我国是一个多民族的国家。	1. 观察图画，听儿歌，初步感受成为小学生的喜悦。 2. 树立小学生的角色意识。	1. 了解语文学习的基本内容和意义，初步学习正确的读书、写字、握笔姿势。 2. 通过讲故事、听故事，初步感受学语文的快乐。	
		课型	单班创生课	单班创生课	单班创生课	单班创生课	单班创生课	
		教师	各班升旗仪式负责人	各班眼保健操负责人	各班语文教师	各班语文教师	各班语文教师	
		任务活动	听、做	听、做	自学、互学	自学、互学	自学、互学、讲故事	
		资源技术	PPT 课件	PPT 课件	PPT 课件	PPT 课件	PPT 课件	
		学习评价	实际操作	实际操作	自评、互评、师评	自评、互评、师评	自评、互评、师评	

续表

类别	年级	内容	第二周					
			第一课次	第二课次	第三课次	第四课次	第五课次	学科作业规划
语文	二年级	课题	小蝌蚪找妈妈（第二课时）	我是什么（第一课时）	我是什么（第二课时）	植物妈妈有办法（第一课时）	植物妈妈有办法（第二课时）	校内作业： 1. 写字词。 2. 听写。 3. 完成第一课和第二课的课课练。 4. 课外阅读拓展。 二年级不布置书面家庭作业，仅安排朗读预习课文这一项语文学习任务。
		目标	分角色朗读课文，能看图讲小蝌蚪找妈妈的故事。	1. 认识“晒、极、傍、越、滴”等14个生字，会写“变、极”等10个字，会写“天空、傍晚”等10个词语。 2. 能正确、流利地朗读课文，简单说出水的变化过程。	1. 知道水在一定条件下会变成汽、云、雨、冰雹和雪。 2. 了解水既能给人们带来好处，也能带来灾害。	1. 认识“植、如”等12个生字，读准多音字“为、得”，会写“法、如”等10个字，会写“办法、如果”等9个词语。 2. 能正确、流利地朗读课文。	1. 理解蒲公英、苍耳、豌豆三种植物传播种子的方法，体会“乘着、挂住、炸开”用词的准确。 2. 能在板书的提示下，背诵课文。	
		课型	单班创生课	双线双师课	单班创生课	单班创生课	单班创生课	
		教师	各班语文教师	王媛媛	各班语文教师	各班语文教师	各班语文教师	
		任务活动	小组合作、共享共学	识字写字、课文朗读	小组合作、共享共学	小组合作、课文朗读	小组合作、共享共学	
		资源技术	PPT课件	PPT课件	PPT课件	PPT课件	PPT课件	
		学习评价	自评、互评、师评	小组抽测、听写练习	自评、互评、师评	小组抽测、听写练习	自评、互评、师评	

续表

类别	年级	内容	第二周					
			第一课次	第二课次	第三课次	第四课次	第五课次	学科作业规划
语文	三年级	课题	花的学校	花的学校	不懂就要问	不懂就要问	口语交际	1. 抄写生字词3遍。 2. 在《黄冈作业本》上进行针对性练习。 3.《课课练》习题。 注：关于读写的题在教师指导下完成。
		目标	1. 会认读“荒、笛”等生字，会写“落、荒”等13个生字，会写5个词语，会读“假”这个多音字。 2. 正确、流利、有感情朗读课文，会提出质疑。	理解课文内容，感受想象并试着想画面；体会拟人修辞手法的运用。	1. 认识“诵、例”等生字，会写13个生字；会读会用“背、圈”2个多音字。 2. 初读课文，了解课文的主要内容。	正确、流利、有感情地朗读课文。归纳课文的主要内容；体会孙中山不懂就问、勤学好问的精神。	1. 讲清暑假生活，讲别人感兴趣的话题。 2. 借助实物和图片进行讲解。	
		课型	双线双师课	单班创生课	单班创生课	单班创生课	单班创生课	
		教师	彭美霞	各班语文教师	各班语文教师	各班语文教师	各班语文教师	
		任务活动	自学、小组合作学习；精讲精读	自读自悟、合作学习、巩固提升	自学交流，检查指导，问题驱动	问题驱动，合作学习，教师总结	提出要求、小组学习、全班交流	
		资源技术	PPT课件	PPT课件	PPT课件	学习任务单	学习任务单	
		学习评价	抽查、作业评价	抽查、作业评价	抽查、作业评价	抽查、作业评价	课堂参与表现，小组同伴互评	

续表

类别	年级	内容	第二周					
			第一课次	第二课次	第三课次	第四课次	第五课次	学科作业规划
语文	四年级	课题	走月亮（第一课时）	走月亮（第二课时）	现代诗2首	繁星	口语交际《我们与环境》	1. 四年级学生回家无书面作业，课后小任务以朗读、课外阅读、预习为主。 2. 本周小任务：完成2~4课的课课练。 实践作业：尝试制作PPT； 给同学们推荐一个好地方，培养学生的动手能力、信息技术能力和口语表达能力。
		目标	1. 认识“鹅、卵”等8个生字，会写“淘、牵”等15个字，会写14个词语。 2. 正确流利地朗读课文，初步感受月光下洱海边的美丽景象。	1. 能有感情地朗读课文，背诵第四自然段。 2. 能边读边想象课文中描写的画面，和同学交流印象最深刻的画面。	边读边想象，能说出诗中描绘的场景和画面，感受秋晚江上的美景、花牛的悠闲。	能有感情地朗读课文，根据课文的描述想象繁星满天的画面。	围绕话题发表看法，不跑题，并能判断别人的发言是否与话题相关。	
		课型	双线双师课	单班创生课	单班创生课	单班创生课	开合班组课	
		教师	程姣	各班语文教师	各班语文教师	各班语文教师	各班语文教师	
		任务活动	识字写字、课文朗读	小组合作、共启互学	拓展2篇现代诗	自学、互学	小组合作推荐分享	
		资源技术	PPT课件	PPT课件	PPT课件	PPT课件	学生提前准备的资源	
		学习评价	小组抽测、听写练习	积累优美生动的句子	学习单	课文朗读	本次口语交际评价标准	

续表

类别	年级	内容	第二周					
			第一课次	第二课次	第三课次	第四课次	第五课次	学科作业规划
数学	一年级	课题	我的数学教师	我的数学教师	数一数	比多少	练习课	1. 数学游戏：幸运数字（学生随机抽取一些小棒，数一数数量，从中抽取一个幸运数字）。 2. 数学游戏：比一比（通过两个学具的摆放，描述多少）。
		目标	1. 认识我的数学教师。 2. 通过游戏活动，感受数学学习的兴趣。	1. 认识我的数学教师。 2. 通过游戏活动，感受数学学习的兴趣。	会有序地点数10以内的数。	1. 通过操作活动，能通过一一对应大方法比较物体的多少。 2. 会用“同样多”“多”“少”描述物体的多少。	1. 尝试简单的习题。 2. 规范答题。	
		课型	单班创生课	单班创生课	单班创生课	单班创生课	单班创生课	
		教师	各班数学教师	各班数学教师	各班数学教师	各班数学教师	各班数学教师	
		任务活动	数学游戏	数学游戏	1. 在教师的引导下，学会数数的方法。 2. 运用迁移，尝试自己数数，积累基本的数学活动经验。	1. 用自己喜欢的方式描述物体的多少。 2. 归纳抽象比多少的方法。	1. 自主作答。 2. 小组交流，优化。 3. 全班交流。	
		资源技术	PPT课件	PPT课件	希沃课件	希沃课件	希沃课件	
		学习评价	自评、互评、师评	自评、互评、师评	自评、互评、师评	自评、互评、师评	自评、互评、师评	

续表

类别	年级	内容	第二周					
			第一课次	第二课次	第三课次	第四课次	第五课次	学科作业规划
数学	二年级	课题	认识米	认识线段	解决问题——确定长度单位	练习一	100以内两位数加一位数（不进位）	二年级学生无纸质作业，课后小任务以动手、实践、观察类为主。本周小任务：寻找生活中的1米，培养学生的空间观念；寻找生活中的线段，加强对线段的认识；逐步培养学生梳理、整理知识的能力，培养学生的主观能动性；学生合作创造竖式。
		目标	1. 帮助学生初步建立1米的长度观念。 2. 在实际操作中，理解1米=100厘米。	1. 经过实际的操作与观察，初步认识线段，会用自己的需要描述线段的特征。 2. 会选用合适的工具画线段，会数简单图形中的线段条数。 3. 发展学生的空间观念。	1. 结合具体的事物，运用单位与数据相结合及借助参照物的方法，恰当选择长度单位。 2. 在解决问题的具体情景中，进一步建立厘米和米的长度观念。	1. 学生梳理知识，师生一起总结。 2. 查漏补缺，进行巩固练习。	1. 掌握100以内两位数加法的算理。 2. 能准确地列出竖式，会正确用竖式计算结果。	
		课型	单班创生课	单班创生课	室外探究课	开合班组课	单班创生课	
		教师	各班数学教师	各班数学教师	各班数学教师	各班数学教师	各班数学教师	
		任务活动	自学、互学	自学、互学	自学、互学	梳理知识，完成练习	自学、互学	
		资源技术	希沃课件	希沃课件	希沃课件	希沃课件	希沃课件	
		学习评价	自评、师评、互评	自评、师评、互评	自评、师评、互评	作业效果评价	自评、师评、互评	

续表

类别	年级	内容	第二周					
			第一课次	第二课次	第三课次	第四课次	第五课次	学科作业规划
数学	三年级	课题	解决问题	练习课	两位数加两位数	两位数减两位数	练习课	三年级已无家庭活页作业，本学期先导课已经教给学生数学学科预习课本的方法，所以本学期会增加探究性作业，以预习作业为主、操作类作业为辅。另外，本周会给家长们梳理一封信，这封信是有关重视数学阅读的内容。
		目标	1. 结合生活实际，感受时间和时刻的区别。 2. 学会计算经过的时间。	学会利用结束时刻–开始时刻=经过时间来解决问题。	学会两位数加两位数的口算方法，并渗透转化思想。	学会两位数减两位数的口算方法。	以生活情境为根基，巩固两位数加减两位数的口算方法。	
		课型	单班创生课	单班创生课	单班创生课	单班创生课	开合班组课	
		教师	各班数学教师	各班数学教师	各班数学教师	各班数学教师	各班数学教师	
		任务活动	自学、小组合作学习	自学、小组合作学习	自学、小组合作学习	自学、小组合作学习	自学、小组合作学习	
		资源技术	希沃课件	希沃课件	希沃课件	希沃课件	希沃课件	
		学习评价	自评、组评、师评	自评、组评、师评	自评、组评、师评	自评、组评、师评	自评、组评、师评	

续表

类别	年级	内容	第二周					
			第一课次	第二课次	第三课次	第四课次	第五课次	学科作业规划
数学	四年级	课题	亿以内数的写作	练习一	亿以内数比大小	亿以内数的改写	亿以内数的近似数	四年级在校完成家庭作业。回家后玩益智游戏：数独。每周增设“光荣题”，学生分层次按照自身情况进行完成。周末坚持计算练习。
		目标	1. 进一步了解亿以内数的计数单位和数位及其意义，熟练地掌握亿以内数的写法。 2. 掌握亿以内数的写法，熟练地写含有两级的数。	1. 学生自己梳理所学的知识，查漏补缺。 2. 根据所学的知识进行练习。	1. 掌握亿以内数的大小比较方法，能正确地比较亿以内数的大小。 2. 培养学生知识迁移和归纳概括的能力。	掌握把整万的数改写成以万为单位的数。	四舍五入省略“万”后面的尾数求近似数的方法。理解改写与省略的相同与不同。	
		课型	单班创生课	开合班组课	双线双师课	单班创生课	单班创生课	
		教师	各班数学教师	各班数学教师	各班数学教师	各班数学教师	各班数学教师	
		任务活动	自学、互学	梳理知识、完成练习	自学、互学	自学、互学	自学、互学	
		资源技术	希沃课件	希沃课件	希沃课件	希沃课件	希沃课件	
		学习评价	自评、师评、互评	作业效果评价	自评、师评、互评	自评、师评、互评	自评、师评、互评	

续表

类别	年级	内容	第二周					
			英语	体育	科学	音乐	美术	品生
综合	一年级	课题	My English Teacher	队列队形与广播体操	我的科学教师	你的名字叫什么	大家一起画	开开心心上学去
		目标	掌握相关的打招呼用语，能根据课堂指令做出相关动作。	1. 培养学生队列纪律意识，能基本做出口令与动作相符合的队列队形。 2. 初步学习和了解广播体操。 3. 培养良好的行为习惯、团结协作能力。	1. 认识科学教师。 2. 通过科学实验，孩子们初步体验科学的乐趣。	1. 用音乐的方式熟悉教师和身边伙伴。 2. 能用自然的声音演唱歌曲。	1. 让学生认识几种常用的绘画工具，掌握正确的握笔方法。 2. 培养学生学习美术的兴趣，在教师的指导下大胆画。	1. 理解小学的意义。 2. 如何成为一名优秀的小学生。 3. 小学生需要注意的事项。
		课型	单班创生课	单班创生课	单班创生课	单班创生课（唱歌课）	单班创生课	单班创生课
		教师	谢良慈	徐伟	周听	陈昀希	张瑜瑶、黄馨颖	谭林
		任务活动	会说Hello、Bye、Good morning/afternoon/evening，根据指令做出动作。	1. 课堂常规。 2. 队列队形练习。 3. 广播体操初步学习和了解。 4. 游戏。	1. 自我介绍。 2. 实验展示。 3. 小结。	1. 师生合作演唱。 2. 学生击拍伴奏。	1. 观察几种绘画工具。 2. 纠正握笔姿势。 3. 学生自行创作。	唱《上学歌》、讲故事。
		资源技术	PPT课件、歌曲、课件视频	标志盘	PPT课件	课件、音频	PPT课件	课件、视频
		学习评价	过程性评价	自评、互评、师评	自评、互评、师评	1. 教师点评。 2. 生生互评。	自评、互评、师评	自评、师评、互评

类别	年级	内容	第二周					
			英语	体育	科学	音乐	美术	品生
综合	二年级	课题	Short Vowel Aa	队列队形与广播体操	黄土地的探索者刘东生：地球家园中有什么？	小麻雀	三个小伙伴	假期有收获
		目标	掌握短元音a的发音以及相关的4个单词。	1. 培养学生队列纪律意识，能基本做出口令与动作相符合的队列队形。 2. 初步学习和了解广播体操。 3. 培养良好的行为习惯、团结协作能力。	1. 科学家的故事。 2. 知道地球上有什么。	1. 能用自然生动的声音演唱《小麻雀》。 2. 能根据第一段歌词创编第二段歌词。	认识三原色、三间色。	1. 引导学生分析自己的假期生活状态，学会记录自己的成长进步。 2. 启发学生反思假期生活的质量，鼓励学生学会调控自己的生活。 3. 学会对学习、生活进行总结，养成良好的习惯，并持之以恒的坚持。
		课型	单班创生课	单班创生课	单班创生课	单班创生课（唱歌课）	单班创生课	双线双师课
		教师	崔明睿	唐琳	王惠、谭林	陈昀希	王媛媛、张瑜瑶	谭林
		任务活动	朗读短元音a和单词，猜单词游戏。	1. 课堂常规。 2. 队列队形练习。 3. 广播体操初步学习和了解。 4. 游戏。	1. 看视频了解科学家的故事。 2. 画一画，地球上有什么？	能用4/3拍的强弱规律为歌曲伴奏。	1. 感受三原色感觉。 2. 色彩小实验。 3. 欣赏三原色作品。	1. 回顾假期计划。 2. 策划下个假期计划。
		资源技术	chant视频、PPT课件	标志盘	PPT课件	音频、打击乐器、课件	PPT课件，颜料	课件、白板、直播设备
		学习评价	过程性评价	自评、互评、师评	自评、互评、师评	生生互评、教师点评	自评、互评、师评	自评、互评、师评

续表

类别	年级	内容	第二周					
			英语	体育	科学	音乐	美术	品生
综合	三年级	课题	Unit 1 Hello	队列队形与广播体操	水到哪里去了	摇啊摇	教师，您好	学习伴我成长
		目标	学生能够熟练掌握本单元8个单词，能在场景中使用“What's your name? I'm..., Bye.”等句式。	1. 引导学生积极参与队列队形练习，增强列队意识。 2. 巩固学习广播体操。 3. 培养良好的行为习惯、团结协作能力。	1. 知道水在一定条件下会变成水蒸气。 2. 知道水蒸气是一种无色无味的像空气一样的气体。	1. 感受6/8拍子，用正确的呼吸唱歌姿势演唱。 2. 能用自然的声音演唱歌曲。 3. 认识音名。	1. 画一幅记忆画。 2. 给教师做一张贺卡。	1. 指导学习的重要性，懂得学无止境，初步具备终身学习的意识。 2. 探寻学习的多种途径和多方面内容，懂得处处皆学习。
		课型	单班创生课	单班创生课	单班创生课	单班创生课（唱歌课）	双线双师课	双线双师课
		教师	谭宇琴、崔明睿	王睿	周听	陈治佑	王媛媛	周显锋、各班助教
		任务活动	单词朗读、角色扮演。	1. 课堂常规。 2. 队列队形练习。 3. 广播体操复习与巩固。 4. 游戏。	对比实验探究。	1. 师生合作演唱。 2. 认识五线谱。	1. 欣赏美术作品。 2. 回忆教师的情境。 3. 绘画创作。 4. 制作贺卡。	1. 学习中获得的本领、学到的礼仪有哪些。 2. 学做一道菜或学种一种植物。 3. 写一句勉励自己不断学习的话。
		资源技术	课文对话视频、歌曲视频、PPT课件	标志盘	PPT课件	课件、音频	PPT课件	课件及视频资源
		学习评价	过程性评价、作业检测	自评、互评、师评	自评、互评、师评	1. 教师点评。 2. 生生互评。	自评、互评、师评	自评、互评、师评

类别	年级	内容	第二周					
			英语	体育	科学	音乐	美术	品生
综合	四年级	课题	Unit1 My Classroom	队列队形与广播体操	声音是怎样产生的	《中华人民共和国国歌》	祖国在我心中	我们班四岁了
		目标	学生能够熟练掌握本单元单词，并能掌握相关句型。	1. 引导学生积极参与队列队形练习，增强列队意识。 2. 巩固学习广播体操。 3. 培养良好的行为习惯、团结协作能力。	1. 能对“声音是怎样产生的”提出自己的观点，知道声音是由物体的振动产生的概念。 2. 能尝试通过多种方法和途径观察到物体发声时在振动的证据。	1. 用坚定激昂的声音背唱国歌。 2. 让学生初步感知歌曲风格。	1. 激发学生热爱祖国的思想感情。 2. 围绕绘画主题认真地构思设计，并用学到的技法和方法烘托主题，完成活动任务。 3. 能从角度或部分形象来对主题进行表现。	1. 回忆3年的集体生活，感受自己在集体中的成长与快乐。 2. 发现班级中的优点以及存在的不足。 3. 培养学生的主人翁意识，热爱班集体，愿意为班集体做贡献。
		课型	单班创生课	单班创生课	单班创生课	双线双师课	双线双师课	双线双师课
		教师	谢良慈、谭宇琴	汤舒惠	甯桂彬	向文娅	黄馨颍	李海英、各班助教
		任务活动	朗读单词、角色扮演。	1. 课堂常规。 2. 队列队形练习。 3. 广播体操复习与巩固。 4. 游戏。	小组实验： 1. 研究皮筋是怎样发出声音的。 2. 其他物体是怎样发出声音的。	1. 分组演唱。 2. 师生接龙演唱。	完成一幅“祖国在我心中”的8开绘画作品。	1. 用猜年龄来庆祝班级生日，开启回忆之旅。 2. 展礼物回顾成长历程，感受与班同在。 3. 在分享会上交流难忘的故事，寻找班级优点。 4. 用爱心卡书写心中的感受，抒发爱班之情。
		资源技术	PPT课件、歌曲，课件视频	标志盘	多媒体课件、锣、钢尺、皮筋、音叉、记录单	PPT课件、钉钉	Classin、PPT课件	课件、Classin直播软件
		学习评价	过程性评价、作业检测	自评、互评、师评	小组展示	师评、生评	自评、互评、师评	师生共评、生生互评

同时，课型研究需要更精密的协作研讨，更专业的智慧分工，更高效的动态调整。如图1.7，各教研组由1位主备、5位助教构成，分四步进行“群体众筹”：群体畅想，头脑风暴；主备先行，设计初稿；面对设计困难，成员提供支持；优化细节，形成终稿。这样，每位教师每周精备一堂课，能解放出更多的时间用于研讨学习。

行远小学采用“日教研+周教研+月教研”的“定态”教研和钉钉圈子开放式的“活态”教研双轨并行，形成智慧众筹、常态研磨的工作氛围，驱动教师内涵式生长和高效能工作。

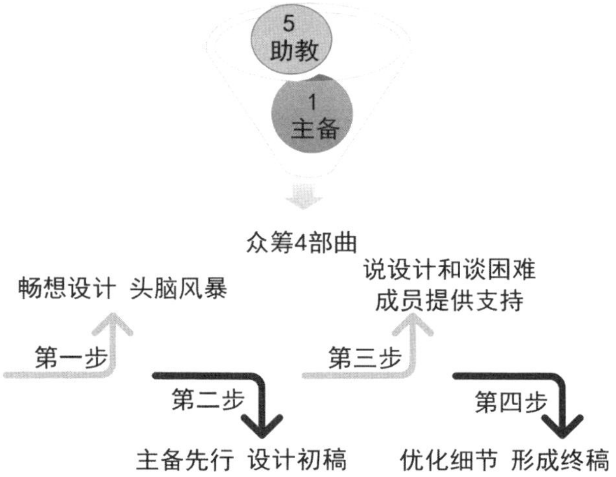

图1.7　语文组备课分工

行远小学的多课型混搭正是响应我国教育数字化转型战略的一线探索。行远小学从组织架构的系统设计入手，通过时空重构、角色重塑、技术赋能、内容重组、资源共生等核心策略，探究从优化作息时间到重构课堂组织，从重组教学内容到延展学习场域，让多课型混搭成为学校教学常态。这既是课堂变革的新路径，也是探索国家课程校本化实施的新策略，这正是学校依靠人的智慧，动态迎接一切挑战的新思考和新探索，也是学校顺应情势，通过技术突围，创生出的一整套方法论和新逻辑。

创新与重构：线上线下融合的五大课型

行远小学秉承“万物养正，登高行远”的办学理念，顺应时代发展潮流，借助信息技术，重构新技术赋能的学习生态。学校抛弃传统、单一的教学方式，依循国家课程标准，以课程内容、学生年龄特征、学习基础等为依据，创新与重构课堂组织方式、教育评价标准，倡导学生运用自主、合作、探究的学习方式，切实转变教与学的方式，实现灵活多维的对话交互，努力营建“智从生活来，慧到生活去”的教育新样态。

学校创造性地实施国家课程的校本化举措，根据不同的教学内容选择不同的课型，创新与重构了线上线下融合的五大课型：单班创生课、开合班组课、室外探究课、双线双师课、网络直播课。

一、创新与重构五大课型的基本理念

（一）基于建构主义理论学习观

建构主义认为学生的学习活动应是学生在一定的情境下，借助其他人的帮助，即通过人际的协作活动实现学习目标的意义建构过程。学生学习环境的四大要素“情境”“合作”“对话”和“意义建构”在学生的学习活动中必不可少。

行远小学创新与重构的五大课型基于建构主义学习观，以学生为主体，营建全景式学习场，按需组建学习共同体和智能化交互圈，让师生思维开放创新，从而提高课堂教学效率，实现学习增值的目标。

（二）基于中国学生核心素养发展观

中国学生核心素养发展观，以培养“全面发展的人”为核心，旨在培养学生使其具备适应终身发展和社会发展需要的必备品格与关键能力。国家出台的“双减”政策，不过于追求学业分数，而注重学生整体素质的发展，旨在促进学生健康、持续、完整地发展。

在实现中国学生发展核心素养的目标，响应教育部“双减”政策方面，行远小学通过课程改革、教育实践、教育评价发展中国学生的核心素养，致力于培养全面发展、个性飞扬的未来型小公民。

（三）基于新课程标准的课程观

2022年上半年，国家颁布义务教育各课程标准（简称新课程标准）。新课程标准顺应儿童青少年成长环境的变化，与时俱进，进行修订完善。我校创新与重构的线上线下融合的五大课型是遵循新课程标准的修订原则，致力于增强课程的思想性；提升课程科学性、系统性；强化课程综合性和实践性。线上线下融合的五大课型推动育人方式变革，着力发展学生核心素养，凸显学生主体地位，关注学生个性化、多样化的学习和发展需求，增强了课程的适宜性和时代性。

（四）基于“万物互联，技术赋能”的信息观

当今世界科技进步日新月异，网络新媒体迅速普及。在万物互联的智能时代，教育人应当是先行者。学校通过“互联网+”资源，链接多平台，共建优质资源库，构建智能化交互圈，全面推动信息技术与教育教学深度融合。

教育即生活，生活即教育。行远小学创新与重构的五大课型借助信息技术设备，在教学内容方面注重内容整合、学科融合，甄选优质资源，在课堂上展示世界风光，实现课堂与生活的紧密连接，让课堂内容更具有开放性、融通性；学习方式上，五大课型借助钉钉、Classin等先进的教学平台，以任务为驱动，打破时空限制，实现线上线下融合，能够随需组建学习共同体，引导学生运用现代网络技术设备去发现、去探索，让学习更具有灵活性、实践性。

二、五大课型的关系和意义

学生是未来时代的开拓者，未来是掌握在现在的孩子手中，教育应该带给孩子多元化的学习内容和学习形式。新课程标准优化了课程内容结构，增强了内容与育人目标的联系，优化了内容组织形式。设立跨学科主题学习活动，加强学科间相互关联，带动课程综合化实施，强化实践性要求。我校创新与重构的线上线下融合的五大课型相互依存，互为补充。五大课型优化了课程设置，有助于落实各课程标准的培养目标，着力培养本课程的核心素养，有助于培养学生正确的价值观、必备品格和关键能力。通过这五种课型快步碎走，学校能够切实转变教与学的方式，努力形成线上线下融合的新范式。

三、五大课型的核心要素

这五大课型在班级规模、教师角色、学习空间、技术资源、适合课程、课堂时长等方面各不相同，因此呈现出不同的特色。五大课型的核心要素呈现如表1.6所示。

表1.6　五大课型核心要素

要素	课型				
	单班创生课	开合班组课	室外探究课	双线双师课	网络直播课
班级规模	1个自然班级	2个自然班级，相邻班组合	N个自然班，随需组建动态学习共同体	N个自然班，随需开展年级课、年段课、全校课或跨区域课	N个自然班，随需分散成N个学习端
教师角色	1名教师，侧重资源的开发、学生思维的引导	2名教师(1名主导，1名协作)，优势互补，合作分工	多名教师众筹，侧重活动的设计与组织	1名线上导学+N名线下伴学，双师在技术赋能下实现无缝配合	师资源于家校社多个群体，侧重直播教学，线上活动的策划组织
学习空间	普通教室	开合班教室(打开相邻2个班的教室隔墙)	室外空间	直播间+普通教室	直播间+N个学习空间

续表

要素	课型				
	单班创生课	开合班组课	室外探究课	双线双师课	网络直播课
技术资源	根据课程内容选用多媒体技术，筛选优质资源，可用终端设备	根据内容选用多媒体技术，筛选资源，可用教学平台、终端设备	课前选用多媒体技术，筛选优质资源应用，课中可用终端设备进行实践探索	使用终端设备，选用多媒体技术，筛选优质资源应用，线上教学需用教学平台	选用多媒体技术，筛选资源，需用教学平台和终端设备
课堂时长	中课时：根据年段选择35或40分钟	长课时：根据内容需求选择50或60分钟	长课时：根据内容需求选择50或60分钟	根据课程内容选择时长。中课时：35~40分钟；长课时：50~60分钟	长课时：根据内容需求选择50或60分钟
适合课程（活动）	不限，根据学科内容而定	作业辅导、班级竞争类教学活动（班会、辩论赛等）	劳动课、科学课、研学类等课程	学科课程、德育课程均可根据需要选用	开/散学典礼、家长会等家校社活动
特征描述	资源的甄选加工，思维的开放创生	双班竞合，分层辅导，让学习增值	空间延展，世界是我们的课堂	线上精导，线下伴学，营建互学共生的学习场	家校社协同，多群体联动

四、五大课型的要义阐释

（一）单班创生课

传统的单班授课方式过于强调书本知识的学习，容易使学习与生活实践脱节，使学生的交流受到限制，难以满足学生个性化发展的需要，不利于学生创新意识的锻炼和实践能力的提高。

行远小学创新与重构的单班创生课，是基于班级授课制，由1名教师+1个班级学生进行单班系统教学或辅导，通过板块教学、个性组班，对资源甄选加工，在“X+Y+Z”的课堂流程中，促进师生思维的开放与创生的课型。

在班级组织形式方面，单班创生课从自然班延展到个性组班，师生双向选择、学生走班上课，让班级更灵活化；在资源创生方面，单班创生课在课堂内外，从既定知识的有限运用到“技术+创新”，通过“互联网+”资源，链接多平台，共建优质资源库；利用“AI+校园”，慧用AI技术，构建智能化交互圈；借助X个驱动问题，设计核心问题，明确教学目标，以学定教。单班创生课的课堂流程从线性设计走向板块教学，通过Y个教学活动，以主题为单位进行资源的统整，整合单一项目，实现精导精学；以Z项学习任务，发展学生思维，提高学科素养，实现以用促学；以“VR+场景”，活用VR技术，营建全景式学习场。

单班创生课（图1.8）通过共建优质教学资源库、营建全景式学习场、构建智能化交互圈等举措，拓宽学习渠道，丰富学习内容，开阔学生视野；通过板块式教学，让学习更具有开放性、灵活性，实现师生思维的开放创生，提高课堂教学效果，提升学生的核心素养。

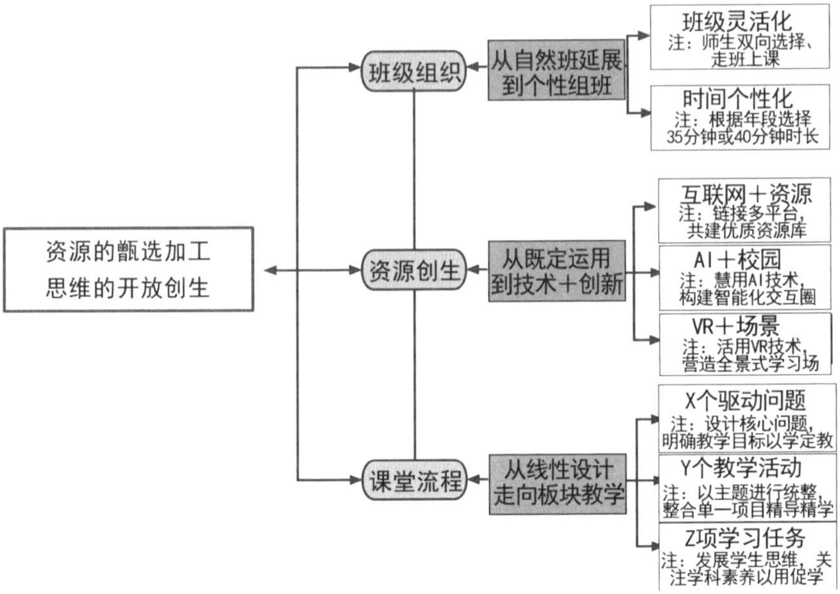

图1.8　单班创生课的实践逻辑

（二）开合班组课

教师的“教”要适应学生的“学”，做到因材施教、分层提高，实现班级学习最优化。行远小学突破班级界限，拓宽学习空间，为学生提供班级与班级的交流展示平台，实现个性化分层辅导，创新化开合班组课。

开合班组课是打破相邻2个班的教室隔墙，由2名教师+2个班级学生重组学习共同体，形成1个大班、2个分队、N个学习小组，通过双班分层、双班竞赛等活动开展双班教学活动的课型。

开合班组课（图1.9）突破班级物理界限，重组学习空间，根据教学内容和活动主题选用多媒体技术与终端设备，让1名教师主导、1名教师协作，通过师资混搭、双师配合，实现师资的优化组合；通过分层辅导、竞争学习，提高学生学习的积极性、个性化，从而实现1+1>2的学习增值。

图1.9　开合班级课的实践逻辑

（三）室外探究课

有句话叫：“教材不是我们的世界，世界才是我们的教材。”为了开阔学生的视野，培养学生的实践、合作和探究能力，行远小学延展学习空间，开展了室外探究课，让世界成为我们的课堂。

室外探究课，顾名思义就是走出教室，突破围墙边界，根据教学内容和探究活动，合理选用校内或校外学习场，由N名教师+N个班级学生随需构建灵活的学习共同体，组建动态班级，利用室外空间，开展体验式学习、场景式学习的课型。

开展室外探究课（图1.10）要充分利用校内学习场和校外学习场，让学生走出教室，让学习空间更广阔；室外学习的过程要聚焦任务，促进学生深度探究。因此，教师课前要做好先导环节，课中要有序组织学生体验，最后还要进行反馈总结；通过开展学科拓展、生活实践、研学体验等探究活动，室外探究课使学习的内容更亲近自然，让学习真实地发生，从而培养学生的实践、合作和探究能力。

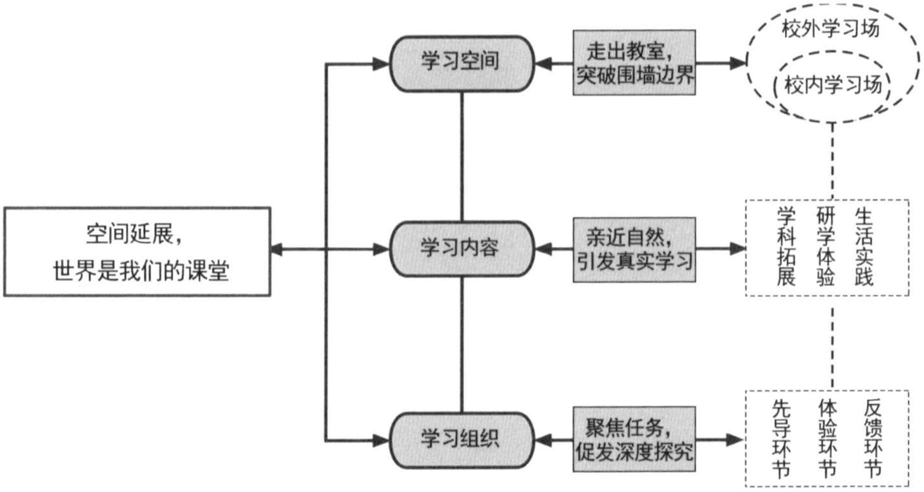

图1.10　室外探究课的实践逻辑

（四）双线双师课

学校致力于探索教育信息化、教育数字化的新环境、新体系、新平台、新模式和新评价标准。其中，万物互联、万物上“云”、万物用“数”、万物赋智，是教育数字化转型的四个关键。行远小学抛弃传统的线下单班教学的固定方式，借助教学平台，实现跨年级、跨学科、跨区域学习，建立更广阔的学习交流圈，创新与重构了双线双师课。

双线双师课是运用线上教学平台组织教学，由1名教师在直播间线上导学+N名教师线下伴学+N个班级共学，双师在技术赋能下无缝衔接、配合融通，实现线上精导精学、线下个性伴学的课型。

双线双师课（图1.11）通过线上线下共融，构建“1+N”的学习共同体，让双师分工协作，营建互学共生的学习场，实现师师、师生和生生的交互共同学习。双线双师课中教师授课端与学生学习端的情况通过教学平台反馈到“行远数据中心”，对数据的比对、分析有利于教师的智慧研讨，从而促进教师教研能力的提高。

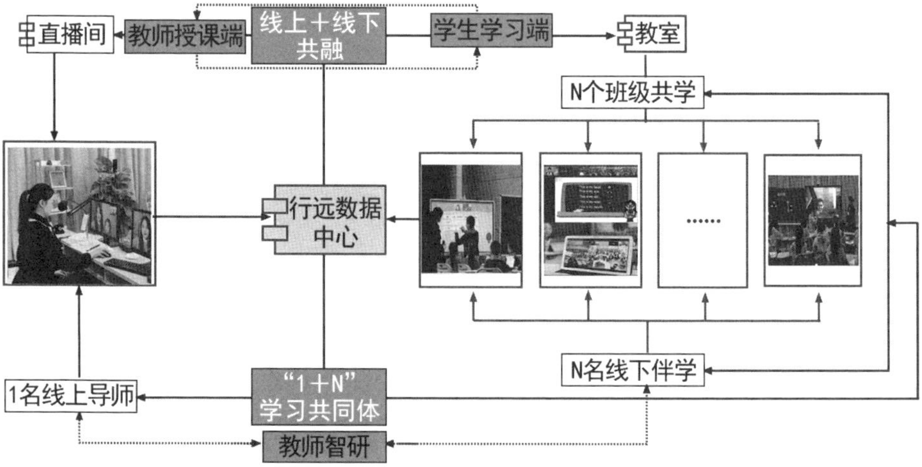

图1.11　双线双师课的实践逻辑

（五）网络直播课

在万物互联、技术赋能的教育形式下，行远小学顺应时代的发展潮流，突破时空限制，深化家校共进，实现家校间、亲子间、家长间多维互动，让校内校外、周末假期多方实时互通，大力推进了网络直播课的开展。

网络直播课是借助直播教学平台和终端，选用多媒体技术，筛选教学资源，通过直播间+N个学习空间开展的课型。

网络直播课（图1.12）的适用性强，可用于特殊情势下学生的居家学习；可用于亲子陪伴，在家长居家时段，“云上开学典礼”“云上散学典礼”等网络直播课能增进家校沟通，从而实现家校共育；可用于家长共进，如“家长大学”等家长课程；也可用于家校协同，如“云”家访、家长会等协同育人活动；还可以用于社会联动，如专家进校园、学校成果展示等交流。网络直播课拓展了育人边界，实现了家、校、社多群体随时随需联动，协同共进。

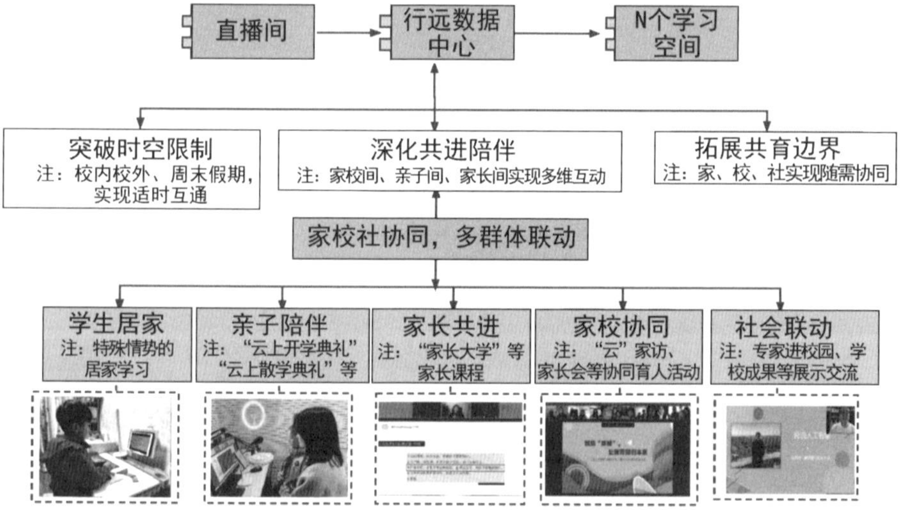

图 1.12　网络直播课实践逻辑

行远小学创新与重构线上线下融合的五大课型，突破了传统单班授课制，丰富了课程内容，实现了灵活多维的对话交互。五大课型着眼于学生的全面发展，满足了学生个性化发展的需求。学生积极主动地进行合作、探究，从而增长见识、锻炼能力，五大课型促进学生健康、持续、长远发展；教师们在扮演导师、助教等多角色的过程中走出舒适区，走进学习区，勇闯深水区，运用现代思维方式，不断精进学习、创新拓展。线上线下融合的五大课型探索实践促进了师生的智慧生长。

第二章

双线双师课：双轨交互，整合融通

《义务教育课程方案和课程标准（2022年版）》指出：“变革育人方式，积极探索新技术背景下学习环境与方式的变革。”基于此，行远小学利用线上教学平台新技术，对双线双师课进行大胆的尝试。这种课型设线上导师1名，线下助教若干名。线上导师精讲精导，线下助教组织引导、辅导督促、适时补位。线上线下、导师助教分工协作，根据需要承担不同的职责，形成教学的统一体，保障教学活动的有效展开。

论文成果

双线双师课的实践逻辑

线上教师必须具备的数字素养与技能

线下伴学的引导工具箱和思维脚手架

课例研究

学案设计：夜空中最亮的星

学案设计：小数字，大智慧

双线双师课的实践逻辑

《义务教育课程方案和课程标准（2022年版）》指出：促进信息技术和课程的融合。合理利用现代信息技术，提供丰富的学习资源，设计生动的教学活动，促进教学方式方法的变革。为了促进信息技术与教育的深度融合，寻求新的教与学的方式，让技术赋能教育，双线双师课成为疫情后的新生态。借助线上教学平台，采用线上与线下相结合、主讲教师与助教教师相互配合的方式，1个导师+N个助教同时对多个班级实施教学的举措让资源最优化、互动最大化、导师引导精准化。明确双师定位，改变教学方式，建立学习共同体，有助于形成教师共研、人尽其才、生生互启、学尽其理、师生共进、物尽其用的双线双师课堂新样态，以此培养“全面发展、个性飞扬”的未来孩童。

一、双线双师课是什么

“双线”是指线上虚拟、线下实体的双轨交互和整合融通，即线上和线下同时进行的教学。“双师”是由2位教师共同授课：1位“教学名师”在线授课，运用自己多年的教学经验，通过网络直播课程的方式，对学生进行远程教学，将自己总结分析的亮点、难点、重点，最大限度地传授给学生；1位“辅导教师”在教室负责课堂秩序，课后做一对一辅导，根据每个学生的特质，安排有针对性的补习。为了教学资源的最优化、学习互动效率最大化和教师导学精准化，行远小学对双师课堂进行个性化升级，改为线上1位导学教师、线下多名伴学教师、多个班级同时进行教学的课堂模式。

“双线双师课”将学习拆成“学”与“习”。线上导师负责“学”，改变传统的“面对面”学习样态，让学生在“学”的过程中，更高质、更高效地吸收知识。线下伴学负责“习”，辅导教师针对每个孩子的学习情况，进行更贴心的一对一辅导，让孩子在“习”的过程中，更好地巩固所学的知识。

二、为什么要探究双线双师课

（一）教师资源共享的需求

双线双师课发挥教师的教学优势，让教师资源能最大限度共享。优秀教师、教学名师负责线上导学，可以更好地引导学生的“学”，让教学内容更加精准，让教学目标更明确，让导学流程更清晰。同时，1位导学教师可以引导更多的教师学习优秀教师的经验，资源的共通共享也让双线双师课的效用最大化。教师共同寻找教学资源，将优质资源用于多个班级或多个年级的教学中，也保证了教学水平的一致性，避免差异性。

双线双师课不仅能够将优质的师资力量发挥到更大，而且覆盖范围很广。只要有网络，线上教师就能实现远程在线授课的目的，让更多的学生接受优质的教育。而且线下辅导教师也可以最大限度地帮助孩子，解答他们的各种疑惑，让他们能够更加透彻地理解学习内容。

（二）学生互学共生的需要

传统的课堂常常用到推荐代表在全班交流、小组合作探究等组织方式，师生、生生之间语言和非语言的信息交流的覆盖面往往较小，这导致课堂评价不全面。在信息技术的帮助下，跨年级、跨班级、班级内的所有学生可以借助平板电脑、具有交互功能的线上教学平台，进行相互交流、相互影响，形成人人参与、人人反馈的互学共生的样态。

无论是一键答题数据反馈，还是在线语音发送，都让学生在与同伴的合作互动中各抒己见、发散思维、互动探究。思维碰撞与解决问题的过程，激发了学生的学习兴趣，促进知识独立建构的实现，真正体现以学生为主体的理念。

（三）家校共育的需求

疫情居家学习期间，学校教师开启线上教学模式，电脑成为每位教师的“作战武器”。就学科教学而言，每个教研组安排每位教师每周精备一节课，每位教师借助钉钉直播平台为全年级学生统一直播。班主任管理同样以直播平台为纽带，开展设计班队活动、劳动教育、心理健康等多种课程，开通“云上行远”班级圈、家校圈，提升学生的动手实践能力，拉近师生、生生之间的距离，教师和学生隔着屏幕也能感受彼此的温暖。

学生和家长都尝到了“甜头”。经过这段时间的线上教学，在学校、教师的引导下，孩子们的自我管理能力和倾听习惯得到了明显提升，若因事错过直播，一键回放还解决了家长们的后顾之忧。

（四）疫情倒逼下的智慧生长

教师们都没有当主播的经验，怎么办？教师们该怎么和孩子们互动？作业怎么落实？从刚开始的手足无措到后来的得心应手，教师们在一次次主动摸索中提升信息素养、增长见闻、丰富本领。线上的办公方式让教师们充分体会到研讨、研修乃至是情感的沟通都可以不受时空限制。

疫后复学，我们常常在想：“难道现在又回到原点，对疫情防控期间的所有经验和成果熟视无睹吗？”经过反复追问，学校发现线上教学的优势，明白已有的探索成果不能摒弃。因此，行远小学正式开启对双线双师课的探究之路。

三、双线双师课的实践过程

路径一：明晰线上导学与线下伴学的角色定位

行远小学探索双线双师课之初，学生听不懂线上导师的指令，也不明白到底该听哪位教师的话，设施设备问题不断，课堂往往潦草收尾……谈何教学效果？那时的课堂情况只能用学生“云里雾里”、教师“稀里糊涂”来形容，其混乱程度可想而知。经过认真反省、自我不断追问，学校才发现这一切最核心的问题是双师的角色定位模糊、作用不清。于是，学校重整旗鼓、调整策略，明确双线双师的角色定位，如表2.1所示。

表2.1 双线双师课角色定位表

角色	授课内容	作用	时间
线上导学	1.概念性的输出 2.共性环节	1.突破教学重点 2.教学环节小结 3.评价	15~20分钟
线下伴学	1.操作环节 2.个性指导	1.突破教学难点 2.关注班级学习效果 3.反馈	20分钟左右

路径二：实现从线性设计到模块设计的跨越升级

在传统课堂中，线性设计是教学设计常用到的一种设计思维，其模式结构清楚、步骤分明、省时经济，因此得到了教师的欢迎和应用。但同时它也具有不可忽视的劣势，如它缺乏教学弹性，是呆板、机械的程序象征。而在行远小学双线双师的课堂里，教学对象覆盖了全年级、多年级甚至是全校的学生，其受众群体大、学习情况复杂。若继续采用线性设计思维，课堂必然会是僵硬且低效的。面临种种挑战，线性设计的思维已然不再适用，学校亟待一种更灵活、更自主的设计方式，于是模块设计成为首要选择。

其前文提到，“双线”指线上虚拟和线下实体的双轨交互与整合融通。模块设计正是实现双线双轨交互和融通的法宝。那它是如何作用的呢？第一步，理清教学总目标。第二步，根据总目标，设计双线教学分目标。第三步，对应目标以及双线各特点，设计相适应的活动。第四步，合理分配双线活动时间。依据这四步法，活动化、项目化学习贯穿于课堂，让线上教学发挥其引导作用，让线下教师发挥其指导作用，板块与板块之间也互不干扰且层层递进，这种方式最终能让双线双师课实现效益最大化。

路径三：建立多维度的学习共同体

多元互动，师生共融。为了弥补线上教学互动性较弱、情感交流较少等不足，在Classin平台里，教师们开发出了多种交互功能，比如举手、抢答、摇骰子、小黑板、分组讨论等方式，教学活动与线上功能相结合能充分调动学生的学习积极性，建立学生与教师之间的情感联系，使人人都融入课堂。

良性竞争，班班共通。双线双师课改变了以往班班隔阂、班班独立的现象。根据不同的教学安排，双线双师课可以是覆盖一个年级的国家课程、班队活动等年级大课；还可以是覆盖不同学段的主题融合课、劳动教育课程；还可以是涵盖了全校学生的升旗仪式课程和大课间课程，甚至还可以是链接了川渝地区，乃至全国范围不同班级的展示交流课程。每个班级享有同等的学习机会，享受同等的学习资源，在“你追我赶”的学习氛围下，不断地相互学习、相互启迪。

四、双线双师课有了怎样的新样态？

（一）教师共研，人尽其才

由于双线双师课的授课对象多且范围广，这对教师的教研能力提出更高的要求，教师必须抛弃“单打独斗”的老办法，使用“智慧众筹”的新手段。传统课堂往往是一个人的战场，教师总是以一己之力完成教学内容的设计、资源的开发利用等工作。但在双线双师课里，每堂课都是由N位教师智慧众筹、1位教师精备展示而完成。这分为四步：第一步，群体畅想、头脑风暴；第二步，主备先行、设计初稿；第三步，面对困难、提出办法；第四步，优化细节、形成终稿。

随后，教研组根据教师的个人特长和教学风格，分配合理的任务。比如，普通话标准、亲和力强的教师可以当线上主播；设计能力强的教师可以完成直播稿的撰写；审美能力强的教师可以进行课件的制作。这样集N人优势、N个亮点于一节课之中的做法，既做到了人尽其才，又实现了课堂效益最优化，最终能够提升课堂质量，促进学生成长。

（二）生生互启，学尽其理

以模块化设计为支撑，活动化学习、项目式学习已经成为每个模块的设计方式。在每个班级场域里，设计一系列问题能够驱动学生自主探究，让他们在小组合作中不断地碰撞出思维的火花，有人学会了搜索技能、有人学会了准确表达。孩子们在问题中学会思考、在探究中学会合作、在整理中学会归纳、在复盘中学会总结……

不仅班级内部的化学作用正催化着这些孩子们的成长，而且双线双师课也打破了班级与班级之间的隔墙壁垒，使班班间的交流感增强，生生之间的沟通半径不断扩大，甚至使班级的常规秩序、班级风貌互相影响、互相浸润。

（三）师生共进，物尽其用

智慧工具是学具而不是玩具。一场疫情加快了信息技术与教育融通的步伐，这对教师的信息技术能力提出了更高的要求。因此，学校提倡“人人都是信息技术教师”，要求教师利用多平台、多途径寻找最优的教学资源，鼓励教师多“鼓捣”、多“琢磨”，解决大多数的技术难题。学校欣喜地发现，无论是信息技术达人还是技术小白，都勇敢地走出了舒适圈，不断地突破自我。

改变观念的同样还有学校的学生。他们常常会用到平板电脑。出于对学生的担忧，学校开展了一系列的网络素养课程，让他们对平板电脑等智慧工具脱敏，使他们能在正确的时间、地点合理地使用智慧工具以丰富视野、解决问题、提升自我信息素养的能力。因此，全校师生人人成为信息时代的“弄潮儿”，他们主动面对它、拥抱它，将各个平台、软件、功能玩转用活，实现物尽其用。

行远小学的双线双师课，正经历着由“线”到“块”，由单一到多维，由分散到融合的发展过程。学校也一直坚信着只有做面向未来的教育才能培养出适应未来的孩童，一直坚信着智能时代必然要催生新的教育形态，一直坚信着只要肯钻研、肯实干，就能看见教育更多美好的新样态。

线上教师必须具备的数字素养与技能

在双线双师课中，线上导学通过远程精导精讲，引导学生“学”，做到突出重点、突破难点。为了更好地呈现课堂效果，线上导学和线下伴学角色定位清楚，教师明确自己的职责，做到分工协作。为保障双线双师课的效率，线上导师需具备一定水平的教学素养和技能。教师除了具备基本的教学能力和良好的心理素养、应急能力，还需具备高效教学、趣味管理的能力；同时，线上导学良好的信息素养能成为双线双师课的助推剂，能真正做到以数字平台为载体、以灵动精准的语言为双翼，给学生带去知识的盛宴。

一、高效的教学是线上导学的内核

双师型课，关注的是“技术手段”背后的“育人本质”。如何深耕课堂主阵地，实现高效的课堂教学，发挥教育的育人功能，才是“双线混融”背景下的课堂最需要关注的问题，这也是对线上导师的考验。

（一）全新的教学设计思维

首先，线上导师要深入理解信息技术、教学学科和教学方法之间的关系，灵活运用各种手段，将信息技术与学科知识有机融合，最终构建起人、技术与教育有机结合的三维立体空间，实现三者内部的多向循环交流。其次，双师型课要考虑学生的个人需求，从以教师指导为中心的教学模式转变为以学生为中心的教学模式。线上教师可在技术赋能的前提下，深度研究学生如何学的课题，始终围绕“如何引导学生自主学习”的主题开展教学。最后，线上教师设计的教学目标要精准，围绕课程标准提炼核心目标来开展教学，教师要的不能太多，但要的一定是“干货”，一定是学生能获取的“干货”。

（二）精准有效的任务驱动

双师型课堂的教学中，首先，线上教师将学习任务发布到学生的智能终端，学生自主或合作挑战任务、完成任务，这使问题、路径、形式能够多样化。课堂上，学生围绕问题展开学习，通过研究问题、解决问题、拓展延伸的过程对知识进行理解和加工，逐渐建立起已有知识与新知识之间的内在关联。教师能够完成课堂教学目标，培养学生的核心素养。其次，课堂教学由几个环节构成，各个板块界限清晰。每个环节目标清晰，环节与环节间衔接自然、层层递进。最后，学校遵循教材，联系生活，延展知识，给学生一个宽阔的视野、广袤的天地，学生在已形成的新的知识的基础上，对这一知识进行灵活运用。

（三）智慧多元的教学评价

线上线下双师型课，需要线上教师智慧的教学评价，调动学生主动参与学习，促进自身的专业成长。课前，对学生开展组织教学，需要线上教师通过Classin中的“奖杯”工具对课前组织好的班级发放奖杯，鼓励班集体、调动学习气氛；课堂中，对表现好的个人和班级也需要线上教师发放奖杯进行评价，营造你追我赶的学习氛围；发到班级钉钉群里的学生作品或语音回答也需要线上教师及时通过文字或语音进行评价；课后，需要线上教师结合Classin后台数据进行分析，看教学是否落实，看学生学习是否有效果，比如班级获得奖杯数量多少，小组讨论、学生回答问题情况统计，学生提交的作品数量等。线上教师也可以通过回放功能，观摩自己的课堂，对自己的课堂教学行为进行自评，调整自己的教学行为，为以后个性化教学方案设计提供参考。

二、灵动的语言是线上导学的传感器

线上教师的语言修养，很大程度上影响着学生在课堂上的学习效果。线上教师在屏幕上和学生“隔空”对话时，需要用灵动的语言来组织学生，激发学生的学习兴趣，最大限度地使他们发挥主观能动性，参与学习中，让线上课堂教学也变得灵动起来。

（一）表述清楚

线上教师要有灵动的语言，就必须说标准的普通话，不使用方言，不说口语，不说口头禅；教学语言要有个性化，教师根据学生的年龄特征及认知规律，善于运用贴近学生心理的语言和学生交流，注意语言的形象性、语言的简洁性，让学生能听得见、能听得懂、能听得明白。

（二）凸显特征

线上教师要有灵动的语言，就要善用自问自答的方式，制造神秘感；善用语言的留白艺术，启迪学生思考；善用激励语言，营造学习的氛围；善用技术语言，凸显双师型课的特征。

（三）富有情感

线上教师要有灵动的语言，就要拉近与学生的距离，增强互动感，使课堂教学变得生动、有趣；灵动的语言需要蕴含丰富的情感，与教学内容反映的情感协调统一，并有节奏感。有特色的语言和声调变化，能激起学生相应的情绪体验，能让学生产生情感共鸣。

三、趣味管理是线上导学的百宝箱

线上导学面对多个班级学生，怎么兼顾班与班之间学生的差异？怎样更好促进班级学生之间的学习？线上导学有哪些技巧和方法？管理好诸多班级的学生，是保障课堂顺利开展的基本要求。那怎么提升线上导学的管理能力？

（一）多元管理架构学习共同体

从“一对一”的教学模式到“一对N”的教学模式，教与学的方式有了巨大的改变，学校的管理也需要进行迭代升级，走向多元管理。这就需要线上导学转变管理思维，线上导学统整所有的班级，为学习者建立一个共同的学习场域，学校称之为“学习共同体”。在这个场域里，线上导学通过各种语言或者Classin线上教学平台中的小工具，例如奖杯、骰子、分组等，能够“看得见”学生的成长，让每一个学生成为竞争者、学习者，让他们在线上导学的层层引导中，发展思维。

（二）人人竞合呈现课堂新样态

行远小学的OMO课程中，线上导学所营造的“学习共同体”，带来了别样的场景。在这个场域里，学生不再被动接受教师所提供的知识，而是成为主动获取知识、互相学习的交流者。在这里，知识的来源是多样的，家长、社区工作者、在外留学的学者等都可以成为知识的传授者；学习方法也是多样的，每个人分享自己的知识和方法，给其他同学提供一个支点，共同促进思维的发散。

四、良好的信息素养是线上导学的驱动力

随着人工智能、大数据技术与教学融合的不断加强，支撑双师型课的技术和资源也日益丰富。疫情带来的考验仅仅是双师型课实践的开端，如何利用这些资源和技术赋能教学？双线双师课中，线上导学需要具备一些基本的信息素养。

（一）修炼数据资源能力，实现轻松教学

将线上教学的丰富资源、便捷应用和数据分析等优势要素与线下教学进行精准配对，共同赋能教育教学。因此，线上导学需要善于使用各种教学策略，达成教学目标，促进学生发展。

1. 资源整合

线上导学要善于提取各种网络资源，围绕本节课的教学目标进行筛选、编辑，让这些资源成为学生学习的探照灯，指引学生积极探索，促进学生的学习。

2. 数据分析

线上导学要善于借助各种智能工具，例如智慧课堂、智能练习等工具，通过分析相关数据，找到学生学习的症结，及时对症下药，为其制订个性化学习方案。

（二）善用数字化工具，促进课堂灵动

面对庞大的学习共同体，如何才能调动学生的积极性，提升学生的参与感？线上小工具可以提供便利。线上导学通过使用钉钉和其他线上平台的小工具作为教学工具，可以玩转课堂，丰富课堂，让评价可视化，让每一个学生都能参与课堂中来，让他们能有所收获。

（三）运用数据互联，实现定制学习

使用线上教学最大的好处就是有各种各样的数据。因此，线上导学需要具备基本的数据分析能力，能够从庞大且复杂的数据中，找到有用且有效的数据进行分析，找到每一个学生学习的拐点，帮助学生进行定制化学习。

线上导学在双线双师课中发挥着主导作用，决定着双线双师课的教学质量。因此，一名合格的线上伴学教师必须努力提升自我的素养和技能，更好地让技术赋能教学，为学生带去更多的优质资源，丰富学生的视野，让学生看见不同的世界。提升素养与技能是时代对教师的要求，也是教师全面发展的必由之路。前路漫漫，行远小学的教师寻路探路，希望这些实践做法能够给跃跃欲试者带来一些方向，同时后面呈现的案例也能够为他们提供更多的灵感。

线下伴学的引导工具箱和思维脚手架

线下伴学在双师型课中扮演着十分重要的角色。教师承担着线下管理和线下辅导的双重任务，是课堂高效推进的催化剂。那么应当如何使其履行伴学职责，将线下管理的引导规范化、工具化？如何让线下管理和辅导的效率更高？伴学教师如何在课堂中配合主播教师提升学生核心素养，如何提供给学生思维脚手架？行远小学的教师带着这些问题，在不断的探索中寻求着最终的答案。

一、线下伴学的角色定位——课堂教学的引导者和补位者

新课程背景下，教师是学生学习的促进者、课程的建设者和开发者、教育教学的研究者。而双师型课中的线下伴学教师不仅是学习活动的引导者和补位者，还是学生学习的亲密伙伴。

（一）课前准备，是双线双师课顺利进行的必要条件

双师型课是通过云平台等媒介进行教学的，这就需要伴学教师做好充分的课前准备：熟悉课堂流程、准备学习工具、调试设备、调整学生的学习状态等。有了这些基本条件，课堂才能顺利进行。

（二）双线联通，是联系学生和主播的桥梁纽带

双师型课是1位导学教师带N个班，线上教师会受到时空和异步课堂形式限制。而线下伴学教师对学生的认知、学习活动、课堂表现、教学评价有更直观可视的把控，他们是线上主播教学落实的具体实施者，也是学生学情的具体反馈者，起着桥梁和纽带的作用。

（三）课中管理，是主播精讲高效率的最大保障

伴学教师要承担学习活动中的组织引领者角色，需要充分发挥主观能动性，组织学生开展学科活动，起到组织管理的作用。学前准备、听课准备、学习状态调整、学习活动组织和引导、观察学情、适时调控等举措让主播的精讲能通过伴学的组织管理真正内化为学生的知识与能力。合格的线下伴学是课堂高效的有力保障。

（四）线下辅导，是保障学习效率的有力补位

伴学教师需要组织学生完成课堂任务，不仅负责学生常规练习的落实，还有分层和个性化辅导，甚至还承担学生作业作品的收集和整理等任务，所以线下伴学是保障效率的有力补位。

二、线下伴学的组织引导——提升课堂有效性的催化剂

如何推进教学流程？如何组织与管理教学活动？突破核心目标的方法与工具有哪些？怎样有效落实线下辅导？线上主播精讲的知识和倾听学习的学生如何产生化学反应，从而使知识内化为学生自己的知识和能力？这些任务都有赖于线下伴学教师的组织和引导。因此，线下伴学是提升课堂有效性的催化剂。

（一）引导学习的必备工具

1.口令提醒

时空的限制必然导致主播在课堂组织上的缺位，线下伴学教师便承担着组织和引导的任务。双线双师课需要学生全身心投入倾听，思考和参与学习交流。怎样才能达到最佳的效率？口令提醒是最直接有效的方法。规范使用平板电脑、认真倾听主播教师讲解、学生交流讨论或自主学习等不同时段都需要伴学教师用口令提醒学生。

常用的口令举例如下。

【平板电脑使用口令】

铃声响，请坐端，平板放在正中间；

小眼睛，看平板，离开屏幕一尺远；

查资料，先联网，游戏新闻不去管。

……

【认真倾听口令】

眼睛亮，看大屏；身坐直，脚放平；仔细听，思考灵。

……

【课堂手势】

想发言，先举手；表赞同，点点头；不同意，手交叉；出状况，举拳头。

……

2.行为暗示

行为暗示课堂中，伴学的言行对孩子的注意力有着至关重要的影响。伴学改变原有的行为状态，会迅速转移学生的注意力。伴学的一个眼神、一个微笑、一个奖励、一句幽默语言，都能起到暗示学生的作用。

注视法：以注视的方式让学生集中注意力，用眼神提醒学生。

暗示法：如走近学生时敲敲桌子或拍拍学生，暗示其注意。

无声法：在大多数学生注意力分散时，教师的表情突然严肃，以无声的方式静坐1分钟，以示警告，以此达到控制课堂的目的。

奖励法：运用奖励的方式来鼓励和表扬学生或表扬个别而引起全班的注意。

手势法：当主播引导教学流程时，伴学教师用手势提醒学生看屏幕、用脑想、用耳朵听，避免用声音提醒等手段影响学生听主播教师的讲解。

（二）组织活动的工具

1.活动组织的规范有序

课堂活动是双线双师课常见的教学形式。活动组织是否规范有序成为课堂中能否推进教学流程的关键。伴学教师让学生明白活动要求和规则，知道活动的内容和目标，进而有序开展学习活动。如伴学教师先确定小组讨论的话题是什么，再确定小组讨论的方式（主持、分工、分享人等），使学生在小组分享汇报时做到讲解清晰、人人参与、个个发言，最后全班补充。再如伴学鼓励学生利用平板电脑查阅资料时，先组织学生连接网络、登录账号，然后让他们打开健康网站后在搜索栏输入查阅内容，最后确定采用文字、图片、视频等形式进行汇报交流。

2.活动意义的精准提炼

在线上教师的引导下，线下伴学教师组织学生实施活动，帮助学生精准把握活动的操作流程和意义，帮助学生顺利完成学习活动任务，并指导学生朝着活动目标去学习和研讨。活动结束后伴学教师针对活动过程、学生的学习态度和学习方法以及活动目标达成的情况进行评价与总结。

根据课程的设计，伴学教师有序组织学生进行线下活动。伴学教师的调控对整个班级具有指引方向的作用：一是把握好教师扮演的角色，教师应该是线下活动的组织者、维护者和规则制订者；二是把握好线下活动的时间。教师需要利用有关经验对讨论时间进行预判，同时反馈给导学教师。在线下活动中，伴学教师绝不能置身事外，不能不指导、不监督而让学生自己来完成整个过程。线下伴学是主播精讲高效率的有力保障。

（三）落实核心目标的工具

1.驱动任务的落实与评价方式

设置驱动任务，一般采用问题式、表格式、思维导图式、流程图式等方法，它能够为线上主导教师精讲核心知识搭建支架。然后线上导师采用如借助工具书自学、利用示例学习、查阅资料学习、小组合作交流等学习活动形式，让驱动任务落实，以便更好地达成核心目标。线上导学评价学生的学习时多采用激励式方案，既关注学生的学习过程，又关注学习结果；既关注学生的态度，又关注成效；既关注个体，又关注全体；既关注口头，又关注书面。

2.学习任务单的反馈

对于1+N模式的课堂，学习任务单是海量的。为了真实高效反馈，教师采用以下实践方法。

第一步，引导学生表达自己的观点，能把自己的想法、思考呈现在学习任务单上；第二步，引导学生在小组内交流，理解别人的观点，陈述自己的理由；第三步，班级交流，通过对比，发现哪种观点更具有合理性，哪些观点可以求同存异，哪些观点可以达成共识，线下伴学教师引导学生选取具有代表性的观点进行线上交流；第四步，学生线上交流，达到资源共享、智慧共长的效果。

（四）线下辅导的工具

1.分层的形式和辅导的内容

线上课程结束后，伴学教师针对不同层次的学生采取分类辅导的策略。对于学习成绩较好的学生，伴学教师辅导的内容侧重于对所学知识的拓宽、加深;对于学习成绩欠缺的学生，辅导的内容侧重于培养其掌握学习方法、分析问题、解决问题的能力；对于中等成绩的学生，将辅导的内容放在培养他们的思维能力、创造能力上。通过伴学教师不同形式的辅导，每个学生力争得到最大的进步。

2.科学有效的辅导策略

首先，控制辅导时间。伴学教师在作业批改后对学生进行个别辅导很浪费时间。要缩短辅导时间，伴学教师必须预先做好充分的课前准备，整理好学生遇到的问题，做到有针对性地讲解，切中要害，当堂讲清，让学生满意而归。

其次，发挥助手的作用。一位伴学教师想在课堂上对每一位学生都照顾周到，是很困难的，这就要发挥小助手的作用。建议将成绩在前后20%左右的学生配对形成一对一的帮扶小组，由这些小助手督促后进生按时保质完成学习任务。

3.辅导效果的检测评价

伴学教师要充分利用课堂时间，提高课堂教学的效率，当堂完成作业辅导。待大部分学生作业完成后，教师公布正确答案，让学生自我校对以便及时发现错误。然后，教师对有困难的学生再进行辅导，把错误消灭在课堂上，及时弥补知识缺漏。

4.学习氛围的营造

伴学教师要发挥陪伴的作用，站在学生的立场和学生一起学习、一起活动，营造良好的学习氛围。他们可以向导学教师提出问题，也可以帮助学生解决问题。遇到关联性较小的问题时，线下伴学教师可以跟学生一起学习，起到示范和营造学习氛围的作用。涉及较全面的问题时，线下伴学教师就需要指导学生学习，提出引导性的问题。

三、线下伴学的思维培养——双线双师课的核心要素

作为线下伴学教师，用怎样的思维方式组织和完成一节或多节课的教学任

务？于学生而言，伴学教师要带给学生怎样的学习思维？又如何带给学生思维路径？最有效的办法是搭建有意义的思维脚手架，让核心目标落地生根。布鲁纳曾指出："当我们将脚手架应用于教学中，就是这样一个过程，即一个有能力的人帮助孩子从他们现有的发展水平向潜在的发展水平过渡的过程。简单地说就是在学生的起点能力和终极目标之间搭建台阶。每个台阶就是一个脚手架。学生通过不断地攀登台阶来达到终极目标。"所以，教师在教学中应努力给学生搭建思维的脚手架。

（一）线下伴学的几种常见思维方式

清单思维——就是把课堂上需要做的每件事以清单形式进行整理，将原则和关键点写下来，并严格按照清单推进。

数据思维——大数据思维是指对大数据的认识、对教育资源和关键要素的理解，也就是线下伴学通过数据分析做决策的习惯。例如：根据活动的速度调整时间，根据学生答题的正确率和错误分析做出教学调整。

开放性思维——在课堂教学中要尽量减少"指令性"的活动，让学生在教师的引导下独立思考、积极探索，多角度、多方面地探求和运用知识。

问题导向思维——以问题导向开展教学活动，基于教学内容设计教学问题；从学生的实际出发提出问题；设置有利于培养学生创造能力的开放性问题。

碎片化思维——在学校学习可以把学习内容或者学习时间进行分割。采用正式学习与非正式学习结合的方式，在正式场合提出学习主题及学习要求，把学习内容和讨论与交流放在各种非正式场合，让学生利用碎片时间进行学习。如在课后利用校园网平台、社区等不同的场域，让学习随时能发生。

（二）学生学习活动中的思维脚手架

主播教师结束精讲后，促进学生思维更深层次生成，就需要线下伴学教师对线上主播无法完成的思维训练进行补位。给学生搭建思维脚手架，有利于学生的思维朝着形象性、灵活性、深刻性发展。

问题式——抓住核心目标，提出一至两个核心问题，利用开放式思维方式，引导学生从多角度去思考、研究、讨论、运用，让他们经历一个从发现问题至解决问题的过程。这种形式适用于学习新知、突破重难点时使用。

表格式——将学习的重点内容以表格形式进行梳理，让学生在学习过程中利用学习资源填写表格，再进行横向、纵向等多向的观察和比较，得出结论。

思维导图式——面对复杂的学习内容，为了厘清思路，利用思维结构图，帮助学生梳理一个事物的多个方面或多个角度，便于学生从整体到局部构建知识内容结构，并从中发现事物的本质，让思维更加形象和深刻。

流程图式——在语文学习中，对叙事性文章内容的把握可以通过流程图进行学习。教师帮助学生弄清事情的发展顺序，从而使学生在头脑中建立清晰的流程，以培养学生思维的连贯性，帮助学生学会有头绪地学习或做事。

对比图式——在知识前后联系比较紧密时，通过对比图式，提取关键信息，能帮助学生由旧知的学习向新知的学习过渡。

总之，线下伴学是双线双师课不可缺少的一部分，是连接线上导学和学生之间的纽带，线下伴学对于课堂教学组织的引导、学生思维能力的提升起着至关重要的作用。线上线下只有有效地配合与融合，才能让双线双师课产生更大的火花。

案例1　学案设计：夜空中最亮的星

教学背景

生活中有很多榜样在贡献力量建设社会，像夜空中最亮的星。为了引导学生向榜样看齐，又能链接音乐学科，行远小学自主研发了夜空中最亮的星——双线双师音乐鉴赏课（表2.2）。本堂课由六个部分组成：说一说、听一听、辨一辨、创一创、奏一奏和评一评。在整个学习过程中，学校通过双向型、多向型、网状型等多种形式实现师生互动的信息传递。

设计思考

夜空中最亮的星是一堂采用双线双师课、聚焦师生交互的音乐探究课。《义务教育艺术课程标准（2022年版）》第二学段要求学生能用打击乐器或其他课堂乐器进行独奏、简单的合奏或为歌（乐）曲伴奏，正确表现音乐的节拍、节奏。三年级学生需要从感性认知向理性认知过渡。为提高学生音乐欣赏的能力，使学生逐步学会欣赏音乐的方法、养成良好的欣赏音乐的习惯，本课结合音乐中固定节奏型进行击拍练习、分声部练习、旋律创编练习等，引导学生进一步了解音乐要素在音乐作品中的作用。

教学目标

1.通过对比聆听，感受不同的演唱形式及其情绪、速度，感受并了解声部概念。

2.通过聆听和感受，能够大胆、自信创编节奏并用自己的方式表达。

3.通过创编、感受节奏和伴奏歌曲，加强对音乐的理解，感受音乐的魅力。

表 2.2 学案设计：夜空中最亮的星

<table>
<tr><th rowspan="3">环节与流程</th><th colspan="4">课堂环节</th></tr>
<tr><th colspan="2">教师活动</th><th rowspan="2">学生活动</th><th rowspan="2">学习评价</th></tr>
<tr><th>线上教师</th><th>线下伴学</th></tr>
<tr><td>课前准备</td><td>1. 线上线下教师配合进行设备测试，做好课前准备。
2. 线上线下师生互动交流，熟悉智慧学习设备。
3. 将所有的班级情况展示在多媒体屏幕上，观察各班的准备情况。</td><td>组织学生快速做好课前准备，将平板电脑放在课桌的左上角，静息。</td><td>学生摆放物品，端正坐姿，调整好学习状态。</td><td>良好的课前组织为快速进入学习状态提供了基础。</td></tr>
<tr><td>活动一：说一说</td><td>1. 师引导：看到这几个字，你想到了什么？（PPT 展示：夜空中最亮的星）（学生回答）
师总结：不同的人有不同的想法。
2. 朗读一学生根据这句话创作的小诗。</td><td>维持教学秩序。</td><td>学生回答。</td><td>通过聆听和感受，初步具备对这首歌的想法。</td></tr>
<tr><td>活动二：听一听</td><td>1. 师弹唱《夜空中最亮的星》（2 分钟）
过渡：其实，这首歌有很多个版本，例如厦门六中合唱团就唱过这首歌，我们来听听。听的过程中请你从这几个方面思考有什么不同的地方。
播放厦门六中版本的视频。</td><td>1. 陪伴学生享受音乐。
2. 维持教学秩序。</td><td>1. 听教师弹唱。
2. 观看厦门六中版本的视频。</td><td>通过强烈的对比聆听，能感受到两首歌（教师弹唱版本与厦门六中版本）的不同之处，对声部、演奏形式、伴奏形式等知识点已产生浓厚的兴趣。</td></tr>
</table>

续表

<table>
<tr><th rowspan="3">环节与流程</th><th colspan="4">课堂环节</th></tr>
<tr><th colspan="2">教师活动</th><th rowspan="2">学生活动</th><th rowspan="2">学习评价</th></tr>
<tr><th>线上教师</th><th>线下伴学</th></tr>
<tr><td>活动三：辨一辨</td><td>1. 组织小组合作交流并完成题单。
<table><tr><th>情绪</th><th></th></tr><tr><td>速度</td><td></td></tr><tr><td>伴奏形式</td><td></td></tr><tr><td>声部（单/多）</td><td></td></tr><tr><td>演唱形式</td><td></td></tr></table>
2. 组织小组分享。
3. 反馈正确的结论并分析。
<table><tr><th>情绪</th><th>活泼</th></tr><tr><td>速度</td><td>中速</td></tr><tr><td>伴奏形式</td><td>书本，人声</td></tr><tr><td>声部（单/多）</td><td>多声部</td></tr><tr><td>演唱形式</td><td>合唱</td></tr></table>
师分析：首先，我们对比一下两首歌曲的情绪和速度，教师演唱的版本的情绪是舒缓，速度是慢速；而厦门六中版本的情绪是活泼，速度是中速。除了情绪和速度的不同，从声部来讲，教师所演唱的歌曲是属于单声部的。
精讲“单声部”：单声部是指歌曲中只含有一种声部。
出示谱例，打谱软件打出《夜空中最亮的星》片段，组织学生带着科尔文手势唱一唱这条音阶。
4. 精讲“多声部”：多声部是指在一首曲子中出现两种或两个以上的声部（do、mi）。
组织学生跨班感受，如三年级三班唱mi，三年级二班唱do，进行合唱。（附谱）
5. 精讲“演唱形式”：一个人的演唱叫作独唱，合唱就是集体演唱多声部声乐作品的艺术形式。合唱团采用的方式是合唱。通过视频介绍合唱。（播放视频）
6. 略讲“伴奏形式”：没有采用常规的钢琴伴奏，而是采用了书本人声伴奏。多样的伴奏形式让整首歌曲变得更加丰富、更有趣。</td><td>维持教学秩序。</td><td>1. 小组合作。
2. 观看视频。</td><td>通过学习单的填写，学生已发现自己的知识盲区。教师的精讲让学生豁然开朗，初步了解了演唱形式、声部等知识。</td></tr>
</table>

续表

环节与流程	课堂环节			
	教师活动		学生活动	学习评价
	线上教师	线下伴学		
活动四：创一创	过渡：看着他们用书本玩出这么多有趣的节奏，你们也想试试吗？教师为大家准备了四种节奏型，请大家按照4/2拍节奏自由组合，创编一条2个小节的节奏。 1. 组织学生在平板电脑上完成节奏的创编。 2. 组织小组上台展示创作。 **师点评：** 节奏，音量，自信，创编能力。 3. 教授“切分节奏”并示范。 4. 请求助教教师辅助教学，陪伴学生练习切分节奏。	协助学生完成4/2拍节奏的自由创编；辅助教学，陪伴学生练习切分节奏。	完成4/2拍节奏的自由创编。	示范、练习、展示等教学方式相结合，为学生提供方法的同时，也给学生搭建了学习的支架。
活动五：奏一奏	过渡：我们的英语教师在生活中是一个非常喜欢音乐的人，她用不同的方式展示了这个节奏，你们想看一看吗？ 1. 播放助教教师的展示视频。 师：助教教师用了哪些方式？ 生：笔、书、手。 2. 请求助教教师辅助教学：带着学生练习该节奏并且分组。 3. 组织学生跟随视频为歌曲伴奏，要求音量较低。（播放视频） 师：还可以用怎样的方式合作奏响这个节奏？ 4. 组织学生进行1分钟小组讨论。	辅助教学，带学生熟悉节奏，并分别用笔、书、手打节奏，进行分组，3分钟；引导小组讨论。	1. 观看视频。 2. 分组练习不同形式的伴奏。 3. 小组讨论。	观察、分组、练习。环环相扣，学生对于辅助性伴奏既感觉新奇，又能在可实现的前提下进行练习，营造快乐的音乐氛围。

续表

环节与流程	课堂环节			
	教师活动		学生活动	学习评价
	线上教师	线下伴学		
活动六：评一评	1. 播放视频，组织学生用自己小组想的方式，一起为歌曲伴奏。 师问：今天你收获到了什么？ 学生回答。 2. 师小结：同一种音乐有不同的表现形式，不同的人对节奏也有不同的感受和表达，当不同的声音汇聚在一起会产生奇妙的反应，这就是音乐的魅力！夜空中最亮的星，我们聚似一团火，散是满天星，愿我们每个人都是自己世界最亮的星星！	1. 引导学生用自己小组想的方式，一起为歌曲伴奏。 2. 维持教学秩序。	为歌曲伴奏。	在感受、创编节奏之后，用自己的方式为歌曲进行伴奏，实现了由学到用的进阶。此刻学生沉浸在音乐的美丽中，成为自己心目中那颗最亮的星。

案例2　学案设计：小数字，大智慧

教学背景

学生对数字已经很熟悉，利用数字能解决一些生活中简单的数学问题，对一些编码也有了初步的认识。本课在学生已有的知识基础和生活经验上加深其对数字的印象，让学生感受到数字编码在生活中的应用价值。

从身份证号码入手，90%以上的学生都能说出它所表达的一些基本信息，如出生日期、性别等。学生有比较丰富的生活经验，但他们对编码的意义与作用缺乏足够的认识，更谈不上对编码思想的感受。因此，先以身份证号码作为学生学习的素材，通过对身份证号码的解读，学生初步感受编码的特点；再让学生自主创编一个小学六年的专属编码，感受编码的思想与方法。

设计思考

“小数字，大智慧”是选自人教版小学数学三年级上册《数字编码的知识》，数字编码同时也是北师大版四年级上册的内容。根据《义务教育数学课程标准（2022年版）》的课程理念，要求教师合理利用现代信息技术，提供丰富的学习资源，设计生动的教学活动，提升学生的探究热情，开阔学生的视野，激发学生的想象力，提高学生的信息素养。因此，通过本节课的学习（表2.3），教师要达到的目标是让学生从跟着教师学到自主学、智慧学，能够解决生活中的问题，使学生在对身份证号的探究和设计校服编码的过程中逐步了解编码的内核，理解编码的本质。通过前面线上导学的基本素养与线下伴学的引导工具和思维脚手架两个章节的介绍，读者对OMO双线双师课有了一定的了解。那线上导学和线下伴学的教师又该如何来配合与组织好学生，才能呈现出一节精彩的课堂？

教学目标

1.通过扫描二维码，让学生进一步了解数字编码在生活中的广泛应用。

2.以任务式活动清单为驱动，利用平板，智慧探索身份证号里面的秘密。

3.通过为自己设计一个小学六年的专属编码活动，掌握编码的方法，培养学生应用数学的意识。

表2.3　学案设计：小数学，大智慧

环节与流程	课堂环节			
	教师活动		学生活动	学习评价
	线上教师	线下伴学		
课前准备	1.线上线下教师配合进行设备测试，做好课前准备。 2.线上线下师生互动交流，熟悉智慧学习设备。 3.将所有班级的情况展示在多媒体屏幕上，师生相互问好，拉近彼此的距离。 4.解释本节课的上课规则。	1.组织学生快速做好课前准备，将平板电脑放在课桌的左上角，静息。	1.学生摆放物品，端正坐姿，调整好学习状态。	学生快速进入学习状态，保持精神饱满，做好上课准备。
活动一：跟着教师，一起学	1.（出示生活中的各种编码）生活中有许多的编码，这些编码中藏着各种各样的秘密，请大家拿出平板电脑来扫码自助学习。 2.请学生将学到的知识给其他同学讲一讲（随机抽取学生线上汇报）。 3.小结：原来许多事情都可以用一串数字来表示。	1.组织学生进行扫码学习。 2.引导学生总结学习结果。 3.维持教学秩序。	1.学生用平板电脑扫码学习。 2.学生回答问题。	1.学生对二维码里面的内容充满兴趣，很认真地去扫描多个二维码查看内容，积极地把自己学习到的知识跟同桌分享，并大胆、自信地汇报所获得的知识。 2.能够很自觉地管理好平板电脑。

续表

环节与流程	课堂环节			
	教师活动		学生活动	学习评价
	线上教师	线下伴学		
活动二：自主学，智慧学	1. 展示线上教师的身份证，让学生通过身份证上的信息来介绍教师（随机抽取班级学生代表进行汇报）。 2. 师小结：原来在身份证里，藏着这么多信息，接下来我们走进第二个活动“自主学，智慧学：探究身份证号码的秘密”。 3. 和同桌一起查一查身份证里面还有哪些信息，并写到学习单上。（时间5分钟） 4. 请生分享学习单，并讲解。 5. 师精讲身份证号码里面每个数字的含义。它的前6位代表省区市；中间是出生年月日；后面4位，分别表示顺序号和校验码，其中倒数第二位是性别码，单数表示男生，双数表示女生。 6. 随意出示一串身份证号码，让班级之间进行知识PK。 7. 温馨提示：身份证的重要性！	1. 指导学生利用平板电脑查询，并拍照上传学习单。 2. 维持教学秩序。 3. 组织学生回答。	1. 学生自主利用平板电脑查询知识。 2. 填写学习单，并拍照上传。 3. 学生回答。	1. 学生在第一次观看身份证解读信息的时候，能通过身份证上的文字来了解人的基本信息，少数的学生知道身份证号码的含义。 2. 在自主探究身份证秘密环节，学生很激动、兴奋，认真用平板电脑查阅资料并完成学习单，体现出学生的自学能力很强。所有的学生都弄清楚了身份证号码各部分的含义，并能准确通过身份证号码来解读一个人的基本信息。

续表

环节与流程	课堂环节			
	教师活动		学生活动	学习评价
	线上教师	线下伴学		
活动三：解决生活中的问题	1. 用今天学到的知识解决生活中的问题吧！（视频出示行远失物招领处的难题） 2. 请学生给自己设计一个可以用六年的专属编码。 3. 用Classin屏幕共享功能，展示各班学生自主设计的编码，并评价。 4. 送奖品给幸运儿。运用班级优化大师抽取编码。 5. 引发认知冲突，一个编码怎么会有两个学生站起来？并精讲。 6. 小结：为了更加方便区分学校，我们还可以加上校代码、区代码等。小数字有着大智慧，你们用数字为自己创造了专属码，让我们的生活更加便利。	1. 辅助教学，指导学生编码，并将优秀作品上传。 2. 维持教学秩序。 3. 组织学生回答。	1. 学生独立设计专属编码。 2. 拍照上传。 3. 学生回答。	1. 让学生自主设计六年专属码的时候，学生由于考虑得比较少，就想到了从班级和学号来进行编码。欣赏两个不同学校的学生之间的大量编码，让学生发现自己编码的不足之处，随后通过抽取幸运儿活动来进一步引发学生的认知冲突——“为什么一个编码会有两个学生站起来？”让学生明白掌握编码要想具有唯一性，有时候还需要加上校代码、区代码等。 2. 线上教师通过抽选学生回答，让班与班之间形成竞争关系，调动学生的积极性，相互学习彼此的长处。 3. 学生感受到编码的便利性，并能准确地为某一物体进行编码。

第三章

网络直播课：突破时空限制，深化共进陪伴，拓展共育边界

网络直播课是行远小学的现行课型之一，是利用教学平台和终端设备开展学习活动的一种课堂组织方式。它能突破时空限制，随需开展教与学活动；深化共进陪伴，促进家校社多维互动；拓展共育边界，实现家校社随需协同。通过开展亲子陪伴课程、共进课程等，学校能够实现多群体联动，形成家校社协同育人新样态。

行远探索

网络直播课的实践逻辑

5G+背景下的家校社共育创新

课例研究（实景案例）

开学典礼——“双减”落地生根，“双线”智慧赋能

散学典礼——砺行一夏，成长导学

网络直播课的实践逻辑

随着5G、“互联网+”、人工智能等科技迅猛发展，教育形态和人才需求正在发生着重要改变，教育已迈入信息化2.0新时代。同时，《义务教育课程方案和课程标准（2022年版）》指出：“充分发挥利用现代信息技术优势，积极利用网络资源平台拓展学习空间”。因此，做好“互联网+教育”，促进优质资源共享，发展更加公平、更有质量的教育，是时代赋予教育界人士的责任。行远小学在多课型混搭的教学实践中，充分利用互联网及其衍生的相关技术与教育深度融合，开展“网络直播课”，切实转变教与学的方式。

一、网络直播课是什么

网络直播课（图3.1）是利用教学平台和终端设备开展学习活动的一种课堂组织方式，是家校社协同育人的主要载体。直播端教师可来自教师、家长、社会人士甚至学生多个群体，侧重于直播教学和线上活动的策划组织；学习端可以是N个自然班级，也可随需分散成N个群体或个体。它能突破时空限制，随需开展教与学的活动；深化共进陪伴，促进家校社多维互动；拓展共育边界，实现家校社随需协同。

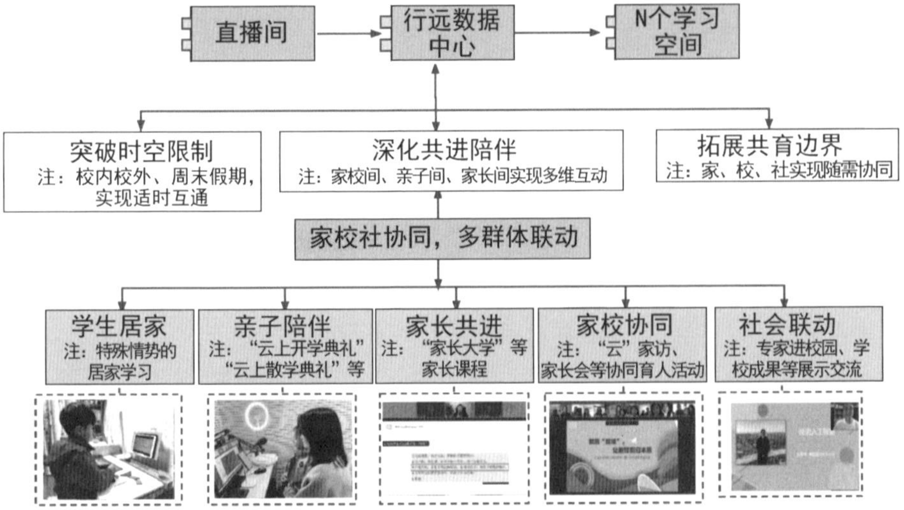

图 3.1　网络直播课实践逻辑

二、为什么要探索网络直播课

收看神舟十三号航天员翟志刚、王亚平、叶光富在中国空间站进行太空授课的直播，跟专家在直播课堂互动交流；听艺术家亲自讲解自己作品的创作初衷……这些体验在过去几乎不可想象，而现在通过网络直播课，每一个人都能参与这样的课堂。网络直播课没有地域限制、没有校际差别，只需通过网络就能实现互通。它打破了传统教育的时空界限，改变传统课堂的教学方式，实现优质教育资源共享。

（一）随需开展，突破时空限制

网络直播课依托互联网技术开展，不受时空限制，让任意地点成为学习场。即使是偏远的农村地区，只要安装互联网和电脑，或者依靠一部手机，学生就可以突破地理限制，随时学习全国乃至全世界教师的课程。如果学生因为有事错过了上课时间，或者上课时没有听懂重点、难点，还能通过直播回放再次学习授课视频。网络直播课缩小了城市与城市之间、城市与农村之间的教育差距，让更多的孩子有条件听到最优秀教师的课程、学习到更多的知识，实现了教育资源的开放和共享。

（二）多维互动，深化共进陪伴

网络直播课依托互联网技术开展，不受人员限制，使人人都能成为参与者。网络直播课参与简单，互动方便，为家长提供了更科学、更便捷的陪伴方式。家长可以参与学校活动，增进对学校的了解；可以与孩子一起进行亲子互动，增进亲子感情；可以与教师实时交流，解答疑惑；还可以与其他家长互动，增进家长与家长间的交流……这有利于实现师生之间、生生之间、家校之间、家长与家长之间的多维度互动链接，全方位智慧共享，让共进陪伴深度开展。

（三）随需协同，拓展共育边界

网络直播课依托互联网技术开展，不受身份限制，使人人都能成为育人者。通过网络直播课，社会人士可以走进课堂，给同学们讲解专业知识；也可以便捷地关注学校，了解学校教育。通过网络直播课，家长可以走进课堂，给同学们带来亲子课程；也可以跟着同学们一起学习，成为他们学习的陪伴者和同行者；还可以自己学习，成为更有智慧的家长。通过网络直播课，学生可以学习知识，同样也可以担任小教师，给其他同学分享自己的知识和经验……学校不再是教育的唯一场所，教师不再是知识的唯一传授者。家庭、学校、社会各方资源，都能随时随地根据需求对学生产生作用，让教育的育人边界无限延展。

三、网络直播课的实施策略

网络直播课改变了教与学的方式，让教育有了更多的可能性。学生可以足不出户尽享全世界的优质资源，更可以和世界各地学习互通。但在实施过程中，许多的困难是不可忽视的。比如学生自控能力差，上课走神、做小动作甚至中途离开课堂，无法保障学习效果；教师的信息技术能力参差不齐，在授课、备课、布置作业、批改作业过程中，会遇到许多的困难；师生的教学活动不在线下学校进行，给教学管理带来诸多不便等。如何解决这些实际的困难，让网络直播课有序进行？行远小学采用了以下实施策略。

（一）延展时空，搭建网络学习空间

搭建网络学习空间是网络直播课有序进行的载体。

行远小学经过多方考量、多次论证，以安全性、专业性、稳定性、兼容性为评判依据，选定网络直播课程运行平台，建立云端学校，完善组织架构，打造一键式操作系统。学校面对不同的学习群体，随需搭建N个学习空间。比如，班级网络直播课要求搭建班级学习空间；年级网络直播课要求搭建年级学习空间；全校网络直播课要求搭建学校学习空间……总之，学习需要在哪里发生，学校就在那里搭建网络学习空间；学习结束后，又可解散相应的学习空间；让学习更自主、更高效、更精准。

（二）提高家校社参与感，提升网络信息素养

相关人员具备相应的信息素养是网络直播课有序进行的前提。行远小学通过以下途径，提升教师、学生、家长三类核心人群的信息技能。

1.组建团队，提供技术支撑

组建由学校技术部门、信息技术特长教师、智慧公司技术人员组成的技术支撑小组，让其提供技术支撑。一是进行平台功能测试，拟定网络直播课操作手册。二是开展教研组、班级、一对一等分层培训，设置阶段性推进目标，帮助教师熟悉平台功能模块、掌握直播授课技能；帮助学生和家长掌握学习端的操作方法，能熟练运用上课、交流、提交作业、圈子分享等基本技能。三是进入各部门、各教研组、各班级进行一对一帮扶，提供全程在线技术协助。

2.研发课程，师生教学相长

没有专业的信息技术教师，如何开展信息技术课程？行远小学跨学科统筹师资，研发“技术+创”课程，让人人都是信息技术教师。该课程聚焦提升学生素养的“创想、创见、创能、创作、创汇”五创课程模块，划分网络素养、人工智能、信息技术、人工智能、智慧公园、乐评嘉年华6个主题单元，实现发展人、成就人的核心旨归。学校设计编写小学一至六年级共6册的内容，从每个年级学生的认知水平入手，以情境感悟体验为主要方式进行板块式设计、项目式开展（图3.2）。这些内容侧重技能技术学习运用，全面提升学生的信息素养与能力，同时提升教师的信息素养和智慧课程创新研发能力。

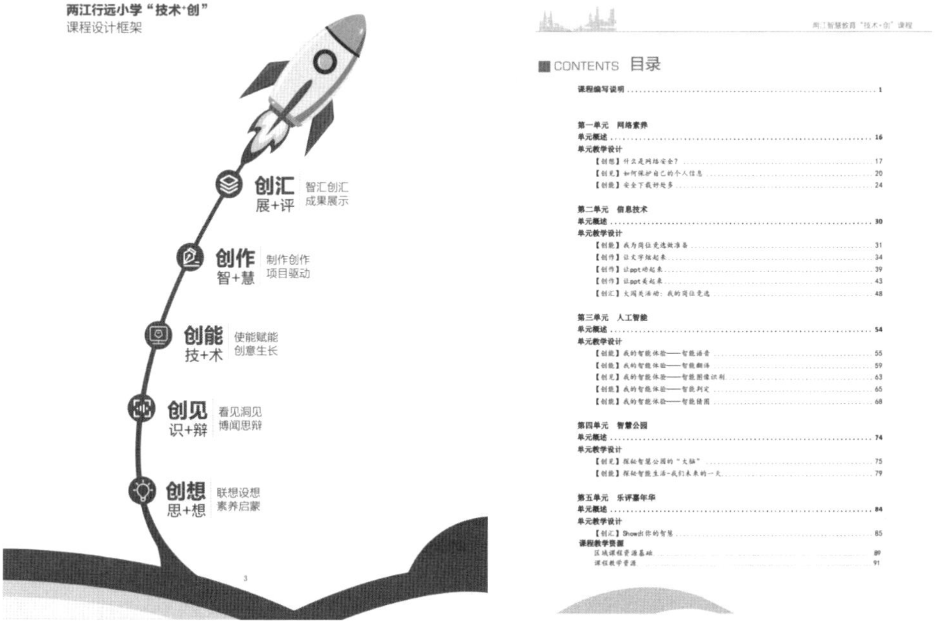

图3.2　“技术+创”课程内容

3.发布任务，提升信息技能

《义务教育课程方案和课程标准（2022年版）》明确指出：“充分利用网络平台和信息技术工具，支持学生开展自主、合作、探究性学习”。行远小学通过小任务驱动，提升教师、学生、家长的信息技能。

（1）每日发布教师“智慧小锦囊”，用“操作说明+小任务”的方式，引导教师们自主探索开发各种智能软件、平台系统、实用APP等，学习文档编辑、图片美化、视频剪辑等实用技巧，以此激发教师探索新技术的主观能动性，全面提升教师的信息技术技能。

（2）每周研发学生“智慧小锦囊”，引导学生根据“锦囊”操作提示自主探索完成任务；每周三定期开展“自学挑战赛”，检测学生本周任务的完成情况。通过在玩中学，在学中玩，潜移默化地提升学生的信息素养（图3.3）。

（3）不定期在班级群发布各种“小妙招”，帮助家长掌握平台的使用技巧、学会音视频录制等技能，帮助、督促学生有效学习。

图3.3　学生智慧小锦囊和自学挑战赛

4.圈子分享，互启学习潜能

在云端学校，行远小学建立了班级圈、教师圈、家校圈，营建了云社区。在这些圈子里，教师会分享学到的新软件、新方法，比如介绍WPS、PPT等常用软件的使用技巧，介绍微课制作的小妙招等；家长们会晒一晒孩子们的成长情况；学生会提交当天完成的学习小任务……圈子分享的方式拓宽了众人的知识与眼界，让他们互相学习，互启智慧，形成智慧学习共同体。

（三）制度保障，营建网络教学新秩序

营建良好的网络教学秩序，是网络直播课有序进行的保障。

1.操作清单，让教师教学有序

为了厘清网络直播课的操作步骤，保障授课秩序，学校研发了各类操作清单。比如为了规范网络直播授课流程、解决线上教学问题，学校发布了网络直播课操作清单（图3.4），清晰罗列了课前、课中、课后各环节的操作步骤、注意事项和具体要求，让教师的线上教学更便捷、更熟练。为了让直播活动操作顺畅，学校整理出行远小学网络直播活动技术板块规避清单，从账号登录、摄像头画面、技术操作、网络稳定等方面罗列了可能会出现的问题及整改措施，让下一次活动能有效规避风险。

重庆两江新区行远小学校

行远智·课堂网络直播课堂操作清单

智 课堂

姓名：＿＿＿＿＿＿　　时间：2020 年 2 月＿＿＿日第＿＿＿＿节

课题：＿＿＿＿＿＿

直播前，我已经准备好了：

1. 电脑、耳机、手机、摄像头等设备。　□已经准备　□没有准备好。
2. 课程资源。
 （1）课前组织教学。（PPT、背景音乐）　□已经准备　□没有，无须准备
 （2）教学微课视频。　□已经准备　□没有，无须准备
 （3）课后作业。　□ 已经准备　□没有，无须准备
3. 发布预告：　已经发布，并布置预习。（时间：　　）　□没有，无须准备

这节课，我将运用这些展示功能（按实际勾选）：

□1. 电脑端群直播。
□2. 手机端群直播。
□3. 教学微课播放。（最常用）
□4. 摄像头展示。（用于展示教师操作过程或现场示范）
□5. 多媒体展示。（用于展示视频、课件、背景音乐等。）
□6. 交互白板。（用于教师呈现动态教学过程，可借助希沃白板 5）

这节课，我将引导学生开展这些互动活动（按实际勾选）：

□1. 讨论区互动。　（1. 点名报数　2. 课堂实时互动　3. 提出讨论问题　4. 其他 ）
□2. 连麦互动。　（1. 学生申请　2. 老师点名　3. 其他 ）
□3. 随堂作业互动。（1. 讨论区回复　2. 班级群回复　3. 家校本反馈　4. 其他 ）

我这样开启网络直播（按顺序执行）：

□1. 提前 10 分钟开始直播检测。
□2.检测耳麦、话筒声音、摄像头。（非常重要）
□3. 提前 5 分钟创建直播。（从本年级直播教研群创建）
□4. 打开教学微课视频。
□5. 组织教学：亲切的问候、要求、互动小问题等。
□6. 开始教学。

如果直播中断，我这样处理（按顺序执行）

□1. 重试。立即电话联系教研组长，通知各班当值教师组织学生，并立即重建直播。
□2. 求援。联系组内技术支撑小组成员，寻求技术支持。
□3. 求助。不能短时解决，电话联系教研组长，安排辅助教师开启直播。

直播结束，我这样观察和反思：

□1. 数据统计：直播参与（　　）人，互动（　　），连麦（　　），点赞（　　）次。
□2. 过程回顾：　□ 一切顺利　□遇到问题，及时解决　□直播中断
□3. 自我评价：　□超过预期　□达到预期　□还可以更好

图3.4　网络直播课操作清单

2.公约制度，让学生学习有序

网络直播课中，教师与学生并不处于同一个实体空间中，因此，学校对学生的学习状态和行为更要特别关注。为了规范学生的课堂秩序，学校发布了“网络直播课课堂公约”（图3.5），明确了课前签到准备、课中回答问题、课后任务反馈的具体要求；为了让学生养成良好的智学习惯，学校发布了“平板电脑使用公约”；为了营造良好的班级氛围，学校发布了“云班级管理公约”……这些条例让学生的线上学习更规范、更有效。

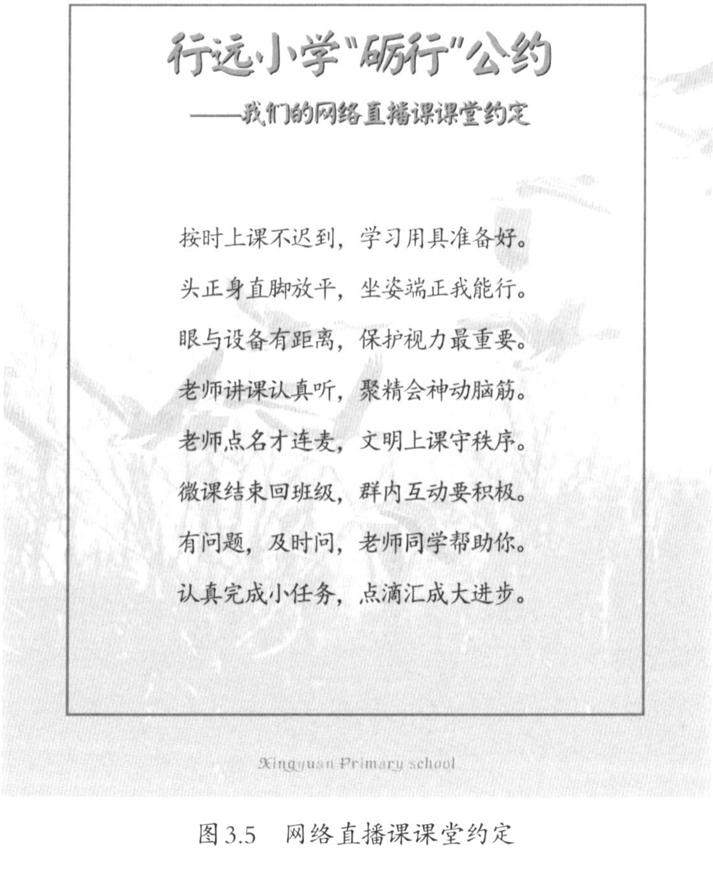

图3.5　网络直播课课堂约定

3.课程数据，让学校管理有序

基于网络直播课生成的行为数据分析，学校可以对教师的教学情况、学生的学习情况进行全面的监督管理，达成学校、班级、家长三级联动。家长可以与学生平台账号进行关联，随时参与、了解学生的学习情况；教师可以通过数据对课堂进行把控，通过“家校本”查看学生的作业完成情况；班主任可以了解整个班级学生的课堂参与情况及学习状态；学校管理部门可以实时巡课查看师生状态，可随时查看各班的学习计划和进展……总之，基于数据反馈，各方教育管理人员可以突破时空阻隔，及时发现问题并作出响应，让管理有序。

网络直播课让广大师生享受到了科技发展带来的便利，让他们的信息技术素养和相关意识也有了很大的提高。在实践中，学校还要掌握各种呈现和互动技巧，挖掘出丰富多彩、形式多样的课程资源，以此提高学生学习的积极性，与其他几种课型形成优势互补，最大限度地提高课堂的教学效率和课堂教学质量。

5G+背景下的家校社共育创新

随着5G时代的推进，无论是防疫常态下的会议创新，还是新技术背景下的家校社共育创新，我们都应顺应情势，接受挑战，更是在面向未来、智慧生长。当然，这些都离不开新技术、新平台的加持。

对于家校社共育，教育是全社会的共同责任，学校、家庭、社会都在交替影响着孩子的成长和发展，都应属于不同的教育角色。同时，我们也知道，在信息化已然渗透社会每一个毛孔的今天，整个教育体系正在重构，学校围墙的边界正在重塑，教育形态正发生着重大变革。构建高质量教育体系亟待“家校社协同育人”，亟待用新技术、新平台解决“家校社协同育人”中的新问题。

于是，我们需要理性思考的是：处于教育主体地位的学校，该如何更好地发挥引领作用？学校要进行怎样的顶层设计，才能实现家校社各安其位，释放更大的合力？如何发挥新技术、新平台的优势，让家校社协同育人更智慧、更高效能？

针对家庭和家校两个维度的共育，行远小学是这样做的：

首先，行远小学将家校社协同育人纳入学校的治理体系，并进行系统设计和常态融入。那如何进行系统设计和常态融入？

一、家长共进课程

建校之初，学校聚焦三类核心人群，即学生、教师、家长，分别研发实施学生砺行课程、教师修远课程、家长共进课程。我们针对家长，研发实施家长共进课程；我们针对家长，成立家长共进课程中心；我们针对家长，确立了由资源服务部设计管理家校共育活动。

那么，这个家长共进课程有哪些内容？如何进行常态运行？

依循学校文化体系，一脉相承地确立了“切切关爱，幸福每个家庭”的家长文化主题，并从共启智、勤陪伴、善沟通、树榜样、敢突破五个维度纵深推进，期待以人的成长影响人的成长，形成共进的良性循环。

家长共进课程正是这一理念下的泛在学习课程，主要内容是展开家校共育培训活动、探寻家校责任边界、制订家校共育机制等，让家校真正同心同行、共建共享，步入互补共生的良性循环。期待家长在日常生活中拥有终身学习、陪伴成长、以身示范的意识和行动。

二、家、校、社三空间融合

近两年，在疫情倒逼中，在飞速发展的时代推动下，行远小学明确提出了“家、校、社三空间融合的智慧学校建设”，并以此作为龙头课题统整全校的一切工作。三空间融合不仅是物理空间的整合优化，更是线上虚拟空间的融合共生。

三、五智行动

基于家、校、社三空间融合的智慧教育，学校还提出了“五智行动”，即学生智学、教师智研、家长智陪、学校智理、社会智联。

针对家长智陪行动，行远小学有这样几个创新做法。

（一）拓展共育时空，科学规划亲子活动，让家长愿意参与，更有时间参与

设置亲子共进时光。每天19:30—20:30时，在定制化的行远钉上，家长共进圈异常热闹，家长展示作业作品、分享亲子活动、请教问题困惑等。各个家庭在你看看我的、我看看你的共享场中获得启迪，写感想、晒图片与视频的家长越来越多。家长们对教育的理解也越来越深刻。

开展亲子集会课程。我们将开学典礼、散学典礼等重要集会课程延展到19:30—20:30进行，忙完工作的父母与孩子一同参与，见证孩子的成长，更多地了解孩子的校园生活，更多地知晓学校的培养目标和办学方向，逐渐转变观

念，家庭教育自觉对标时代发展。

组织云端家访。为降低交通内耗、节省时间，学校突破传统家访的面对面形式，家长在云端教室一键约课，和教师进行“一对一”的个性交流，教师的建议更具有针对性。

（二）深挖共育内涵，提升家长的眼界素养，让家长掌握高质量陪伴孩子的方法

开展共进栏目。学校微信公众号开设家长共进栏目，定期推送养育孩子的锦囊妙招，帮助家长缓解焦虑、科学育娃。

组织共进论坛。每学年末，学校组织“共进杯”家长论坛，家校畅谈互启，构建教育环岛。

研发成长手册。每年寒暑假，学校会研发假期成长手册。这是一本探究式学习手册，也是一本快乐过寒假的成长清单，更是一本引导家长科学陪伴孩子的行动指南。

（三）延展共育渠道，引导家长“智陪”“共进”，实现家长之间的共商互助，家校之间的共建互信

科学组建校级家委会并规范运行。设置调节部、安全部、资源部、公益部等七个部门，定期召开线上沟通会，以点带面，高效合作，紧密联系，智慧运转。

行远小学还研发了一系列公约，构建家校共育新生态。例如家校活动公约中，从绿色出行、准时参加学校活动、得体的仪表举止、尊重会场秩序等多方面规定家长到校细节。再例如班级群管理公约，从信息透明、有效发言、换位思考、理性互动等方面引导家长，交流群是我们共同赋能的能量场，需要共同维护、规范行为。

随着家长共进课程的常态融入与系统推进，我们欣喜地感受到家长的变化，他们越来越“尊重教师”，明白“家长在怎样影响，孩子就在怎样成长”的道理，懂得父母言传身教、亲情陪伴的意义；感受到学校正在高维、高效地智慧运转，在家长和社区的助力下，更多的教育资源在学校汇聚，更多的专业人士走进学校为孩子们的成长赋能，一种共建、共享、共进的新生态正在形成。

一个人的成长和发展只有起点，没有终点。教育和学习应该伴随人的一生，这是学校家长共进课程的内核与要义。教育不是一个人的前行，而是一群人的共进，这是行远小学家校社三空间融合的智慧教育的初心与愿景。

学校不是孤岛，应该真正开门办学。家校社协同育人，这是时代的呼唤，更是办学的智慧。

案例1 “双减”落地生根，“双线”智慧赋能——行远小学2021—2022学年上期线上开学典礼活动方案

活动目标

1.帮助家长深入了解“双减”政策以及学校在“双减”政策下的具体措施，缓解家长的焦虑和解答其疑惑。

2.通过系列活动安排，营造满满的开学仪式感。

设计意图

《义务教育课程方案和课程标准（2022年版）》指出，当今世界科技进步日新月异，网络新媒体快速普及，人们的生活、学习、工作方式不断变化，儿童、青少年的成长环境深刻变化；学校课程要发挥育人作用，帮助全体学生学会数字时代的知识积累与创新方法。

行远小学此次的开学典礼通过采取网络直播课的方式（表3.1），做到课标所指出的：“创新教学方式，注重创设真实情景，引入多元化的数字资源，提高学生的学习参与度。”此次的开学典礼突破时空限制，实现实时互通，家长们可在下班后共同参与孩子的开学典礼，实现智慧陪伴；扩展共育边界，家长不用登录注册，可用链接直击典礼现场；孩子和家长以及社会各界人士可切实、直观地了解到在“双减”背景下学校已有的举措，共同解决“双减”实施中存在的问题，实现共建、共享、共进。

表3.1 行远小学2021—2022学年上期线上开学典礼活动方案

活动环节		
环节与流程	直播端	学习端
前期准备	1. 确定开学典礼主题，制订活动方案。 2. 收集学生的假期生活状态，制作展示视频。 3. 精进主持讲稿，制作活动课件。 4. 主持人培训。 5. 彩排演练。 6. 发布微信宣传推送，提前预告开学典礼的流程和主题。 7. 调试直播设备，保证话筒、摄像头正常使用，确保网络通畅。	1. 下载、注册好Classin账号，进入相关班级。 2. 根据学校活动时间，做好时间规划、环境布置、设备及网络调试，确保参与活动的状态和仪式感。
活动一 成长展台 ——砺行一“夏”作品展	1. 播放暖场音乐，提醒各班清点人数，确保人人参与。 2. 破冰环节：直播老师调整学生样态，调动学生情绪，做好活动开始准备。 3. 播放学生假期优秀作品视频，展现学生丰富的假期生活。	1. 调试设备，确保网络通畅，寻找安静、合适的学习场地。 2. 整理好着装，规范仪容仪表，调整坐姿，做好参与准备。 3. 提前5分钟进入直播链接，等待典礼开始。 4. 观看优秀作品视频。
活动二 砺行论坛 ——什么是开学典礼	1. 播放采访视频，主题为“为什么开学典礼设立在晚上?” 2. 学生成长部教师分享“什么是开学典礼?” （1）开学典礼是什么? （2）开学典礼为什么在今天举行? （3）开学典礼设立在晚上进行的意义是什么?	1. 带着问题，观看采访视频，了解“为什么开学典礼设立在晚上?” 2. 听教师讲解“什么是开学典礼”，积极参与，认真思考，与教师进行实时互动。
活动三 修远沙龙： 行远新教师	1. 播放行远新教师介绍视频。 2. 播放行远一年级学生“新生养正课程”记录视频，展现行远童娃的美好样态。	1. 认识新老师。 2. 认识、了解新入学的一年级同学在开学第一周的学习生活状态。
活动四 共进论坛： “双减”背景下的责任、使命与担当	1. 校长做“‘双减’落地生根，‘双线’智慧赋能”主题分享： （1）回顾美好校园时光。 （2）双线智慧赋能。 讲解家校共进课程，通过弹幕功能，了解家长与孩子的相处模式；鼓励家长注重家庭教育，利用网络和技术为家庭教育赋能，进行智慧陪伴。	

续表

活动环节		
环节与流程	直播端	学习端
活动四 共进论坛：“双减”背景下的责任、使命与担当	2.“双减”背景下的责任和使命。 （1）“双减”背景下学校和教师们的具体做法。 （2）鼓励家长转变对教师、学校的观念，形成正确的育儿观。 （3）学校的“智学”课程、实践成果得到认可。 （4）感谢家长们与学校的同心同行，共建共享。 3.“双减”如何落地生根？ （1）解释“双减”的具体含义。 （2）以孩子们一天的校园生活为例，讲解“双减”背景下学校从午休、课后服务、家庭劳动作业等方面的具体措施。	1.认真聆听校长讲解，了解什么是“双减”，“双减”背景下学校、教师、家长应做些什么。 2.云端实时互动，使用弹幕功能与校长在线沟通交流。 3.明确家校共育的正确做法。
反馈评价	优点： 1.网络直播让家长们和孩子们一起参与开学典礼，实现亲子陪伴。 2.学生的参与度较高，通过云端和老师互动，让活动有交流感。	优点： 1.家长们通过网络直播的方式，顺利参与开学典礼。 2.通过网络直播方式，家长的参与率高达百分之百。
	不足： 1.直播端教师的设备使用不够熟练，需要多练习使用。 2.各环节切换、衔接有问题，需要多进行实际场景模拟、彩排。	不足： 1.部分家长未能及时进入直播链接，可提前做好进入开学典礼现场的准备。 2.需要规范使用线上评价、互动的语言。

案例2　砺行一夏，成长导学——行远小学2019—2020学年下期散学典礼活动方案

活动目标

1.通过此次活动联通家校，让全校家庭共同参与，了解孩子的在校情况。

2.通过家庭分享、专家讲解、校长分享，让孩子们拓宽眼界，制订假期计划。

3.通过此次活动，引导学生在假期有所成长和收获，过一个有意义、有意思的暑假。

设计意图

在《义务教育课程方案和课程标准（2022年版）》家校社协同育人的背景下，为落实立德树人的根本任务，体现课程内容的结构化，此次的散学典礼通过网络直播课的形式，解决家长因白天上班而请假难的问题。学校将散学典礼（表3.2）延展到19：00—20：00，实现家校沟通交流，实现家校联动，给予家长在假期陪伴家庭的建议，让学生在假期也学有所获；《义务教育课程方案和课程标准（2022年版）》还指出，要充分发挥专业团体的力量。因此，此次的散学典礼，我们通过链接校外资源，突破时空限制，联动社会资源，让家长在线上利用弹幕进行沟通交流，表达自己的看法，与线上教师实时互动，拓宽孩子的眼界，实现智慧陪伴。

表3.2　行远小学2019—2020学年下期散学典礼活动方案

活动环节		
环节与流程	直播端	学习端
前期准备	1.选取主题，确定内容。 2.准备展示的节目视频，与家长沟通，收集素材，制作视频。 3.联系家长和学生确定亲子电台分享的主题和内容。 4.联系专家，确定分享内容。 5.精进讲稿，制作活动PPT。 6.制作海报，发布微信预告推送，介绍活动流程。 7.场景模拟，彩排演练。 8.智慧研创部提供技术保障，保持网络畅通。	1.下载、注册好Classin账号，进入相关的班级。 2.根据学校的活动时间，做好时间规划、环境布置、设备及网络调试，确保参与活动的状态和仪式感。
活动一 亲子电台，构建家庭学习场	1.主持人组织活动，提醒各班级清点人数，调整学生样态，确保活动人人参与。 2.播放开场表演视频《重庆美食》，活跃氛围。 3.学生假期计划分享。 学生一：我的暑假我做主 （1）暑期期望。 （2）假日计划。 学生二：我的暑期大作战 （1）暑期大作战时间表。 （2）坚持家务劳动和体育锻炼。 4.　家长分享“智陪”计划 家长一：你的成长，我的陪伴 （1）深度解读“砺行一夏，实践手册”。 （2）分享、制订假期计划。 家长二：砺行一夏，智慧带娃 （1）休息调整期：完成实践手册，领略风土人情。 （2）实践操作期：锻炼身体，坚持阅读，培养爱好，参加社会服务。 （3）收心规划期：调整作息，准备开学用品等。	1.调试设备，确保网络通畅，寻找安静、合适的学习场地。 2.整理好着装，规范仪容仪表，调整坐姿，做好参与准备。 3.提前5分钟进入直播链接，等待典礼开始。 4.观看开场节目。 5.听同学分享假期规划，思考自己的假期规划。 6.学习家长分享的智慧陪伴方法，规划自己的亲子时光。

续表

活动环节		
环节与流程	直播端	学习端
活动二 专家连线，打破时空场域	1. 实时连线美国哥伦比亚大学计算机视觉专业研究生，讲解人工智能。 （1）了解什么是计算机视觉和人工智能。 （2）讲解生活中人工智能的应用。 （3）推荐孩子们跟着“砺行一夏，实践手册”去参观礼嘉智慧公园。	1. 认真聆听专家分享，积极参与互动。
活动三 学年展评，学习成果分享	1. 学生成长部教师总结本期学生的成长情况，公布获奖名单。 （1）学年神算手。 （2）学年小小书法家。 （3）学年优秀小干部。 （4）学年阅读之星。	1. 线上见证孩子的成长，明确前进方向。 2. 对获奖的同学表示祝贺。
活动四 学期寄语，家庭妙招共享	1. 校长分享：把暑假过得“有意义”和“有意思” （1）分享假期中教师们的研修样态和暑期修远8条约定：共读一本书，撰写教案，与家长沟通交流等。 （2）分享学生假期规划案例2个。 （3）与学生、家长做电子设备使用4个约定。 （4）倡议亲子共同制订暑期计划并通过家校圈分享。	1. 认真聆听校长讲解，学习假期小妙招。 2. 制订假期计划。 3. 与孩子达成共识，合理使用电子设备。 4. 实时交流互动。
活动五 分班家长会，个性成长交流	1. 各班的班主任引导家长进入班级直播间。 2. 分班进行个性交流，教师及时答疑。	1. 进入班级直播间，跟班主任、任课教师了解孩子的情况。 2. 实时交流反馈。
反馈评价	1. 优点 （1）本次家长会增强了家校沟通，让家长和学生明白了此次活动的目的。 （2）通过链接社会资源，拓宽了学生的眼界。	1. 优点 （1）家长参与积极，为孩子营造了散学典礼的仪式感。 （2）家长和孩子们在活动中明白暑期计划的重要性，并且制订了相应的暑期计划。 （3）弹幕互动积极，做到及时交流互动。
	2. 不足 （1）线上主持人设备使用不熟练，导致出现了长时间的等待现象。 （2）学生和家长分享时的交流感还有待提升，前期可以多培训。	2. 不足 （1）部分家长的网络素养有待提高，可利用智慧锦囊提升。 （2）线上发言有待规范。

第四章

单班创生课：撬动按需组班、资源创生的教学流程升级

“单班创生课”，是行远小学多课型混搭教学实践中的一种基础课型。学校将原有单班教学进行整体升维，依托板块教学创新“X+Y+Z”的课堂流程，凸显以学定教的灵活性；聚焦资源的甄选加工，探索从资源运用到资源创生的操作流程；通过共建优质的教学资源库、营建线上线下融合学习场、构建家校信息交互圈，促进课堂效能升级、师生思维开放创生。

行远探索：

单班创生课的实践逻辑
资源创生，从运用到创新

课例研究（实景呈现案例）：

单班创生课：家庭防火小达人
单班学习课：我是小小设计师——找规律
单班实验课：空气能占据空间吗

单班创生课的实践逻辑

随着信息技术、人工智能、5G等现代科技的广泛应用，社会对教育提出了更高水平和更多层次的要求，学生的学习需求更加个性化、多元化，传统班级授课因其整齐划一、资源单一、学生被动的教学组织形式而面临很大的挑战。如何与时俱进，用好班级授课制这一最常规的教学组织形式来培养适应未来的学习者，行远小学在多课型混搭的教学实践中，将原有的单班教学进行整体升维从而形成“单班创生课”。

一、“单班创生课”的内涵与特征

单班创生课（图4.1），基于班级授课制，可以沿用原有的单个自然班级作为教学组织单位，也可以按需进行个性组班，依托板块教学、善用数字资源，提升师生思维的开放性与创造性。

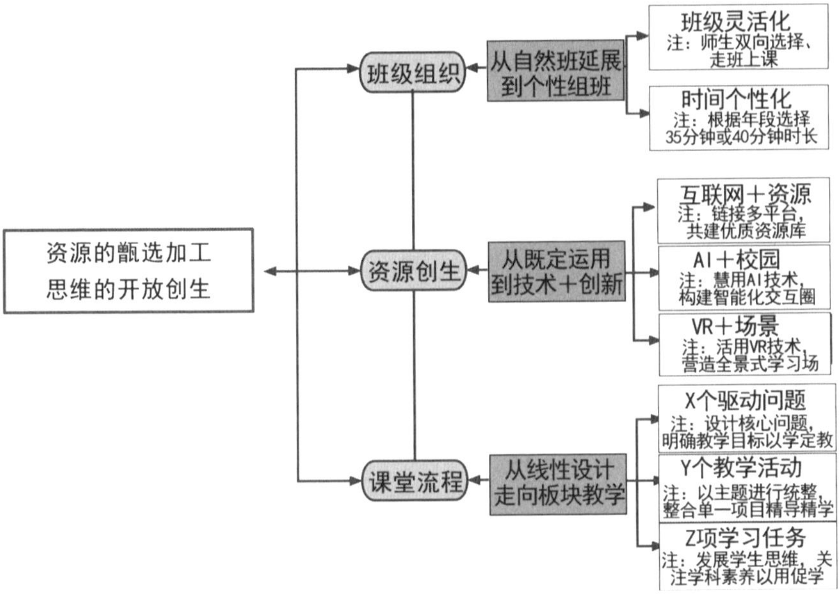

图 4.1　单班创生课实践逻辑

（一）从线性设计走向板块教学

传统单班授课多采用线性设计，以机械式、确定式的方法指导教学过程，呈现出一种碎片化状态，课堂效能亟待提高。针对线性教学的问题，单班创生课基于板块教学理念，教师将教学任务分散为不同的板块，并赋予其不同的教学目标。以低年级语文为例，教学重点是识字、写字、朗读、说话、积累，教学设计就可分为识字教学、朗读指导、写字教学三大板块，课堂上就围绕这三大板块展开教学。这样的话，教学目标就更加清晰，教学内容也更加细化，有利于一步一步实现教学目标，提高教学质量。

（二）从自然班延展到个性组班

在班级授课制度框架内，同一年龄段的学生被编成若干固定的班级，教师面向整个班级进行同样内容的教学。但学生的知识基础、能力强弱、兴趣特长有所差异，这种差异在中高年级时越来越明显，学生的个性化学习显得更加迫切。

学校从生源特点和现有教育资源出发，在单班授课基础上随需个性组班。如在常规教学的基础上，组织心理困扰、行为异常、残疾等几类学生单独成立“雁启班”，每周由校长和心理咨询团队专为这群孩子上课，为他们疏导心理，带去关爱；在每日课后服务中，学校针对学生的学习能力差异的实际情况，建立“分层辅导班”；在学生特长培养方面，学校为有信息技术特长的学生组建“雁扬班”……对长期以来习惯于固定班级教学的学生而言，原有的“被编班”被组织变成了按需入班、主动选课和自行组织，这培育了他们积极的参与意识、提高其自我规划能力，让其学会了自我担当，建立起一种内在的自我激励、自我约束机制。师生关系也从过去的教师选择学生，到现在的师生间的双向选择，这促使教师角色从班级管理走向支持服务，从而引发班级教学组织性质与功能的变革。

二、“单班创生课”的模式创新

在多课型混搭的教学实践中，“单班创生课”常沿用原有的单个班级作为教学组织单位，学校依托板块教学探索出“X+Y+Z”的课堂流程：X、Y、Z在数学中都表示未知数，强调以学定教的灵活性，凸显思维创生与开放的无限可能。

（一）X个驱动问题，聚焦教学目标，以学定教

问题设计是教学设计过程中至关重要的环节，也是核心环节，能够更加聚焦教学目标。问题设计不在于数量，而在于是否精炼、是否有内在逻辑，X个驱动问题可以分解为“1个核心问题+X个子问题”。由于学科知识较复杂，设计问题的方向有很多，课堂时间又有限，学校不可能将所有的问题全面覆盖。所以，这就需要教师深入分析教材内容、明确教学目标，设计出1个核心问题。X个子问题则需紧紧围绕核心问题的解决层层递进，实现问题导向的作用，以求更好地开拓学生的思维，促进学生思考，激发学生对知识的探索欲望。

（二）Y个教学活动，整合零散项目，精导精学

传统的教学活动设计，一般都是按照时间的维度来设置教与学的活动，一个环节接一个环节。为了达到环环相扣的效果，每一句导语、结语都要预先设计。这样的活动设计是以“教”为主的，教学的每一分钟都被精心设置了，“教”牢牢把控了课堂的教学内容与节奏，学生的“学”须在“教”的链条上，在设置好的时间内完成。

“X+Y+Z”中的Y代表因需开展教学活动，将零散的活动项目按照主题加以整合，每节课设置Y个综合的活动板块。《义务教育课程方案和课程标准（2022年版）》倡导建立自主合作探究的学习方式，以一年级下册《小书包》为例。板块一：认读生字。要求学生对生字栏中的生字做到读准字音，识记字形，知晓词义。板块二：朗读指导。在整个教学过程中，要求学生做到“张大嘴巴、字正腔圆、落地有声、铿锵有力、合辙押韵、和谐悦耳”。根据实际的教学情况，教师指导低年级孩子读准字音、读通句子、读好停顿、读出情感、指导背诵。板块三：写字指导。要求孩子在读准字音、记住字形、知晓字义的基础上，会组词、会说话、知道偏旁部首和笔画顺序。这样就把教学目标具体化、简单化。每一个板块落实一个教学目标，避免了教师什么都想教而什么都教不好的尴尬。

（三）Z项学习任务，关注学科素养，以用促学

秉承着义务教育课程方案和课程标准（2022年版）》中对语文、劳动等学科提出的“任务群”的概念，在Z项学习任务中，Z的数量是围绕解决教学核心问题按需来设置的，以此提升学生的学习思维，最大限度地提高学生的学科素养。

以部编版语文二年级下册《我是一只小虫子》为例，本单元语文要素“展开想象、练习写话”是本课的训练重点。课文学完后，围绕“小虫子的生活怎么样?”这一核心问题可设置以下两项任务。

任务1：运用本课的表达方式，小组轮流发表看法，结合具体事例展开想象说理由。

根据学生的学情，教师适时点拨，如小虫子还会遇到什么危险？小虫子生活中还有什么好玩的事情？你知道它还有什么有意思的朋友吗？不知不觉中，学生的回答变得精彩、灵动，有了自己独特奇妙的想象。

任务2：把自己想象到的画面用文字记录下来。

从展开想象到口头表达，再到书面表达，教师紧紧围绕言语实践活动，以任务促进小组合作交流、迁移应用，在层层递进中，自然地落实了本单元的语文要素。

三、“单班创生课”的实施策略

（一）减：删繁就简，聚焦目标，提高教学效率

教材蕴含的教学价值与学习资源是丰富的，但并非教材所有的角度都适合于课堂探究，课堂究竟适合教什么，最终还得根据学情做取舍。因而，教师需要依据课标运用减法思维，充分考量学生已有的经验、认知水平、学习能力，深度悟透核心素养，达到去粗取精的目的，不教滞后的、已会的知识，摒弃事无巨细、从头讲到尾的做法。教师将教学核心问题分解成多个教学任务，设计不同的教学活动去达成教学目标，舍掉多余的环节、冗长的说教，在自主与合作中，让学生获得更多的成长。

（二）联：万物互联，共创共进，拓宽学习场域

这里的“联”有两层含义：一是关联各类的教学资源；二是联合“家校社”三空间力量。学校树立“万物养正，登高行远”的办学理念，将一切有利于学生成长的事物纳入学习内容，本土特色文化、地方优质资源、区域典型案例等都是校本的课程资源。将不同的领域却拥有内在联系的知识点关联进课堂，有三种关联方式：联合相同的内容，丰富知识广度；联结相似的内容，区分教学难点；联想相反的内容，凸现教学内核，从而拓宽学习领域、开阔学生视野，达到触类旁通的效果。

同时，学校充分利用隐性师资力量，依托智慧校园研究成果，利用线上教学平台，邀请家长志愿者、社区基层干部、社会专业人士通过连线进入课堂，突破时空界限，为孩子们带来一堂堂别开生面的课程，激发学校、家庭、社区三空间群体的主观能动性，让每个教育角色共融共创，营造积极的学习氛围。

（三）融：善作融合，按需搭建多元学习板块

面对琳琅满目的资源，学校除了要会做减法，更要学会融合。首先，要围绕学科内核理清序列、有机组合各种资源，然后再聚焦教学目标，按课堂需求搭建学习板块。以语文学科为例，根据教学重点的不同，语文教学可分为语文核心知识、语文学习能力、语文问题解决等内容板块。适宜的教学内容板块需经得起学

理的推敲，要科学、适合、精要、可表述。教师基于课程标准，又不拘泥于课程标准，能让学生从生活实践中、从相关学科的前沿性研究中，汲取鲜活的学科知识。

“单班创生课”既是多课型混搭教学探索中一种重要的课型，也是适应信息时代下班级授课制的一种守正与创新。守“一师多教”资源利用最大化，“一班多组”学生互促共进的优势；创“按需组班、问题驱动、以学定教”的课堂新样态，开阔学生视野，切实转变教与学的方式，让课堂形式更丰富多元。

资源创生，从运用到创新

学习资源作为教学的重要支撑，在课堂教学中发挥着重要作用。当今互联网与各类科学技术高速发展，课堂教学容量更加广泛。如何有效甄选、加工资源，实现高质高效教学，满足学生的个性学习需求，真正促进学生思维的开放与创新？行远小学积极探索多课型混搭，在单班教学的不断摸索中，逐渐明确方向，智慧应用互联网、VR、AI，通过收集、筛选、整合、运用等方式，实现资源的创生。

一、资源创生的必要性

（一）顺应时代技术发展，满足学生核心素养培育要求

当今信息产生多元化、信息传播多样化、知识迭代更新快，但传统教材更新的周期较长，新知识和新技术不能及时呈现，这限制学生探究创新能力的培养，无法满足学生适应未来的学习需求。《义务教育课程方案和课程标准（2022年版）》提倡教学要积极利用网络资源平台来拓展学习空间，丰富学习资源，整合多种媒介的学习内容。因此，在教材基础上，甄选、补充当下具有鲜明的时代特色的内容，保持学习资源的前沿性显得尤为重要。

（二）国家课程校本化实施，满足学生个性学习需求

部编版教材面对全国所有的地区研发，但是全国经济发展水平的地域差异大，要让国家教材校本化落地，需突破统编教材的内容边界，根据区情、校情调整教学内容，使地方区域特色文化、本土的优质资源和鲜活案例等内容融入课堂，开阔学生视野，满足学生个性化的学习需求。

二、资源创生的操作流程

（一）收集：万物互联，筛选优质资源

资源创生的第一步是收集，通过广泛链接教学资源库，如国家教育资源公共服务平台、中小学生网络云平台、国家中小学智慧教育平台、重庆市两江智慧教育校本资源库等平台，筛选、甄别出能应用于课堂教学、利于学生学习的优质资源。

（二）重组：锚定目标，聚焦教学内容

广泛收集资料后，学校以年级教研组为单位，在每日教研中商定每节课的教学目标，围绕教学内容将组内资源进行加工、整合。同时，学校细化类别，建立年级统一的每节课的教学资源包，如写话资源包、科学实验资源包、数学文化资源包等，加设子目录，方便快速匹配相应的优质资源。

（三）运用：因材施教，提升课堂实效

资源创生的关键环节是运用。依托板块教学中各板块相对独立又互相关联的特性，教学实践可根据学情灵活拓展、删减学习资源，也可按需设计课前预习单、课中探索单、课后拓展单，以其作为学习资源的载体，以求构建一个内容丰富、重点突出的互动课堂。

（四）创新：思维延展，实现教学相长

创新是资源创生的进阶环节。教师通过对资源进行甄选加工，在课堂中让学习资源充分发挥激发兴趣、夯实基础、延伸拓展等作用，师生的思维能力在这个过程中得以提升。课后，授课教师根据课堂反馈和学生的学习情况进行总结、反思，年级教研组再将教学设计、教学反思、课程资源包、学生成果包等上传到“行远钉”，不断地升级、优化学校智学资源库，以便资源在校内的交流、互启，从而创造更大的价值。

在教学实践中，四个流程相互贯通、灵活使用，能够适应学情、提升课堂效能。教师不断对资源进行收集、重组、运用、创新，“量身定做”适宜的教学素材，让资源库不断地丰富、壮大，推动优质教学资源共建共享、创新互启，形成了一个良性的教学闭环。

三、资源创生的实施途径

《义务教育课程方案和课程标准（2022年版）》提出要把握信息技术与教学的深度融合趋势，充分发挥信息技术在教学变革中的价值和功能。为满足信息化背景下师生日益增长的教与学需求，行远小学不断进行实践与摸索，通过互联网+、VR、AI等途径，将海量资源整合并融入单班创生课堂教学中。

（一）互联网+，共建优质教学资源库

学校在个性化定制的“行远钉”（智慧管理平台）中构建了“智研”板块，建设了优质的教学资源库。资源库主要通过以下两条路径搭建。

1.链接多平台，保质择优

筛选现有的优质教学资源平台，如国家中小学网络云平台、学习强国等，打通平台之间的隔墙，将电子教材、教学设计、课件、教学相关视频等链接到资源库中，一键式访问，无障碍取用。

2.集结众智慧，云端共享

每位教师将自己在实际教学过程中形成的优质成果，如教学设计、课件、教学视频和个人思考、探索等资源，上传至“行远钉”的“智研”板块，打造个人资源库，透明开放，全员共享。

通过对优质教学资源库的打造，学校完成对教学资源的管理与更新，实现智慧课堂的储备，营建教师间的成长共生场。

（二）活用VR，营建全景式学习场

1.VR+窗口，拓宽学习场

“读万卷书，不如行万里路。”学校鼓励学生走出课本与校园，到实践中去，真实体会历史变迁、人文风情或是技术发展。但受限于组织的复杂性、外界因素的不定性，教师将一定数量的学生带出去实践是难以实现的。利用VR实景技术，整合网络上丰富的实景资源，学校将“足不出户，便知天下万物”变成了现实。比如带领学生线上游智博，感受高新技术的飞速发展；线上参观博物馆，体会历史变迁；通过美丽中国等软件，欣赏大好河山……

2.VR+行远，课程可视化

利用VR技术，学校将校园也变成全景教学资源，将每一个角落都赋予了课程功能。通过智能终端，学生仿佛置身其中，同时校园文化也润物无声般植入学生的内心，让成长自然发生。

3.VR+课堂，沉浸式体验

VR就是虚拟现实，具有沉浸性、交互性和构想性。行远小学正是利用VR技术在教学中的优势，将VR适时融入课堂教学，突破时间、空间的限制，构建沉浸式课堂。在消防安全课"家庭防火123"中，利用VR技术，还原真实家庭场景，让学生身临其境地找出可能引起火灾的地方，让课堂具有真实性、趣味性。

VR技术可以让教学更具可视化，带给学生更加直观的体验，突破时间、空间的限制，结合情景化的学习，激发学生的学习兴趣，增强智慧课堂的交互性，让学习真实发生。

（三）AI+校园，构建智能化交互圈

重庆市两江新区正持续开展智慧教育进校园工作。重庆市政府为每所学校配备了100余台机器人，学校以人工智能为切入点，"AI＋校园生活"项目为着力点，设置AI小助教、AI智能岗、AI雁扬班、AI创意秀、AI科创社、AI体验馆六大AI项目，将AI机器全天候向学生开放，让学生享受最优质的教育资源。

1.AI小助教，智慧助学

教师将智能机器人"悟空"带入课堂中。"悟空"在课堂教学中作为小助教辅助教学，打破教师一言堂的教学模式，作为师生之间的"润滑剂"，给课堂教学带来趣味，为学生学习提供新奇体验。语文课上，"悟空"当小教师带领学生一起读书；数学课上，"悟空"和学生进行口算比赛；英语课上，"悟空"和学生进行英语对话；音乐课上，"悟空"和学生一起唱歌、跳舞……智慧课堂有了小助教的加入，在学生、教师与机器人的智能交互中，形成了智学、自学的学习样态。

2.AI好伙伴，智慧伴学

机器人作为学生的好伙伴，在课后也能帮助学生智慧学习。例如，发挥"悟空"机器人的可爱优势，学校拍摄了《七步洗手法》教学视频，录制《平板电脑

使用公约》等小视频来激发学生的学习兴趣；学生还能在与机器人的沟通中，听到新故事，学到新知识。

AI+校园的智慧开发与全面运用，构建了校园智能化交互圈，为智慧课堂提供更高效、更个性化的学习交流。

单班创生组织模式下，学校创造性使用网络资源与智能技术，对资源进行甄选、整合、重组、创新，构建了开放、包容、优质的学习空间。在教与学的过程中，师生通过学习资源与学习生成的交互行为，让课堂成为思维发生和生长的地方。

案例1　教学设计：家庭防火小达人

学习目标

1. 通过观看视频、图片等资源，了解家庭火灾产生的原因。

2. 通过VR体验活动，了解家庭火灾的危害，掌握消除家庭火灾隐患的方法。

3. 懂得家庭火灾需要在日常生活中防范，提升学生的家庭火灾防范意识。

设计意图

本节课在公安部消防局编著的《消防安全》教材的指导下，开展了一堂以家庭防火小达人为题的家庭防火安全知识课（表4.1）。基于二年级学生对家庭火灾有一定认识的学情，结合《义务教育课程方案和课程标准（2022年版）》提出坚持德育为先，提升智育水平，加强体育美育，落实劳动教育，教师确定了教学的基本内容。

本堂课通过学生观看视频、教师精讲精导、学生活动体验的形式展开教学。图片、视频等资源让学生从听觉和视觉中去感受火灾的无情；利用VR体验活动展开小组合作，让现代信息技术赋能课堂，让学生在活动中巩固家庭防火知识；采用设计宣传小贴士，进一步提高学生对家庭防火的意识。

表4.1　教学设计：家庭防火小达人

<table>
<tr><th rowspan="2">环节</th><th colspan="3">教学过程</th></tr>
<tr><th>教师活动</th><th>学生活动</th><th>评价要点</th></tr>
<tr><td>课前准备</td><td>了解学情，创设任务，根据低段学生的心理，激发学生兴趣。</td><td>提前分好小组，熟悉平板电脑VR操作。</td><td>评价学生上课样态（坐姿、平板电脑的正确摆放等）。</td></tr>
<tr><td>板块一：创设情境，感受火灾危害</td><td>1.听30秒音乐。
播放30秒《少年》歌曲，感受时间的短暂。
2.看家庭火灾案例
与30秒音乐形成对比，感受火灾的危害。
3.分享家庭火灾数据。
2020年，全国一共发生火灾25.2万起，其中家庭着火就有10.9万起，造成917人死亡。
4.导入课题。
当防火小达人，多学消防知识，减少伤亡。
板书：家庭防火小达人</td><td>1.听音乐，感受时间的短暂。
2.观看家庭火灾的视频、图片、数据，感受火灾的无情。</td><td>感受时间的短暂、火灾的危害，体会火灾的无情，从而激发学生学习消防知识的兴趣。</td></tr>
<tr><td>板块二：趣味闯关，学方法、排隐患</td><td>（一）第一关：“左思右想”识隐患
1.什么是“隐患”？
阐释“隐患”是潜在的危险，发生危险的可能性。
2.引起家庭火灾的原因可能是什么？
预设：爸爸在沙发上吸烟、妈妈炒菜忘关火……（相机小结）
过渡：我们不仅要了解隐患，更需要在生活中去找到存在的隐患。
（二）第二关：“火眼金睛”找隐患
1.VR实景，观隐患。
出示VR实景图，引导学生分小组查找家庭火灾隐患。
2.小组合作，找隐患。
出示要求：
（1）2分钟找隐患。
（2）小组讨论控制音量。
（3）小组长上台汇报。
3.交流互享，汇隐患。
各小组推选1名组员汇报隐患，教师进行相应板书。
师：第二关找到了隐患，但在生活中我们更需要学会解决隐患。
（三）第三关：“足智多谋”排隐患
1.家里有这些情况，怎么办？
出示家中场景图片，引导学生找出解决的方法，排除隐患。</td><td>1.思考、回答引起家庭火灾隐患的原因是什么。
2.利用VR观看家庭里的火灾隐患。
3.通过小组合作，用平板电脑点击VR实景图，小组分工寻找家庭中卧室、书房、客厅、厨房中隐藏着的火灾隐患。</td><td>知道正确理解隐患，并学会找到隐患。
能通过VR还原真实家庭场景，学会通过小组合作找到隐患并排除隐患。</td></tr>
</table>

续表

环节	教学过程		
	教师活动	学生活动	评价要点
板块二：趣味闯关，学方法、排隐患	2.排除家中火灾隐患。 师引导：可家庭火灾危害这么大，只有我们努力就可以了吗？只有我们防范就有用了吗？ 当然不行，家庭火灾需要我们每一个人都有防范意识。所以，小达人这时就需要你们出马啦！多多宣传家庭防火小知识。 （四）第四关："家喻户晓"助防范 1.制作"家庭防火小贴士" 出示"家庭防火小贴士学习单"，生独立完成。（学习单附后） 2.学生分享"家庭防火小贴士"，教师做相应评价。	4.独立完成"家庭防火小达人"宣传单，帮助大家防范。	引导学会正确防范。 学会利用宣传单防范。
板块三：评价反馈，学以致用	1.出示家庭隐患场景，生判断对错，学以致用。 2.交流学习收获，评选"家庭防火小达人"。 师小结：在生活中需要我们每一个人都能做好防范，给身边的人带去提醒，我们都是最棒的家庭防火小达人。用我们的力量筑起一道人人可靠的家庭防火墙！	1.观看家庭隐患场景的图片，判断其对错。 2.交流本节课的学习收获。	通过家庭隐患场景，学生判断其对错，至少说出一点本节课的观点，以显示本节课的学习成果。
资源运用	1.利用VR技术，将真实家庭情境移步到课堂，使其"身临其境"。 2.利用视频、图片、音频让学生感受火灾的无情。 3.利用学习单巩固学习成果。		

案例2　教学设计：我是小小设计师

学习目标

1.通过观察、创造、推理等活动，发现事物中简单的排列规律，并能用数学的语言描述规律。

2.通过观察、分析和推理，初步感知创新。

3.通过发现和欣赏生活中的数学规律美，提高审美能力，培养逻辑推理能力。

设计意图

由于学生在学前阶段就曾接受过“找规律”这部分知识的启蒙教育，因此，“简单的图形变化规律”这部分内容较为容易。本节课（表4.2）根据教学内容、资源环境、学生能力、教师经验等实情，选择以单班的方式学习，结合单元目标、课时目标和教学重难点，根据学生对单层次规律的探索过程，让学生通过眼睛观察找出规律、耳朵倾听发现规律、思考创造规律，让他们依据图形的形状、颜色的视觉刺激来建立“多层观察找规律”的模型，解决含多层次规律的问题，由单层到多层次，从而达到锻炼孩子思维的目的。最终让孩子们用数学的眼光观察、体验生活中的规律；用数学的思维思考生活中各种各样事物中存在的规律；用数学的语言描述出生活中事务的规律；逐步养成用数学语言表达与交流的习惯，形成跨学科的应用意识与实践能力。

表4.2　教学设计：我是小小设计师

环节	教学过程		
	教师活动	学生活动	评价要点
课前准备	1. 准备好教具、学具。 2. 轻轨穿楼视频、音频《法国号》。	1. 小组内合理分工，选出小组长负责汇报。 2. 每小组准备一套印章。	1. 能在小组内进行合理分工。 2. 能根据要求准备完整的学具。
板块一：激趣导入	1. 课前谈话：你对重庆的哪些地方最感兴趣？ 2. 播放轻轨穿楼视频。 提问：你发现这些车厢有什么特点吗？	1. 根据自己对重庆的了解，对重庆进行描述。 2. 通过观看视频，感受有趣的重庆轻轨，感受重庆的文化。	1孩子敢想、敢说，能清晰且有逻辑地表达自己的想法。 2. 能将生活中的体验带入课堂。
板块二：观察规律，激活思维	1. 启发学生思考：下一节车厢会是什么颜色？ 2. 启发学生思考：你能用数学的语言进行描述吗？ 3. 带领学生一起来圈一圈、贴一贴。	1. 根据出示的车厢颜色猜下一节车厢的颜色。 2. 根据教师的引导，尝试用数学的语言进行描述规律。 3. 跟随教师一起圈一圈、贴一贴。	1. 积极回答问题。 2. 用数学的语言回答问题，完整描述出下一节车厢的颜色。
板块三：感悟规律，明晰思维	1. 播放音频《法国号》。 2. 提问：音乐中的节奏是如何变化的。 3. 再听一次，听的过程中加入自己创编的动作。	1. 听一听音乐《法国号》，感受音乐中的节奏变化规律。 2. 用数学的语言说一说音乐里的变化规律。 3. 再一次听音乐，将自己创编的动作加进去。	1. 能用数学的语言描述音乐节奏的变化规律。 2. 能用数学的思维思考音乐中存在的规律。 3. 能创编出创意的动作，并能清楚地描述自己创编动作里包含的规律。
板块四：大胆创造，提升思维	1. 布置小组活动：创造规律。 要求：形式不限，可以画一画、写一写、唱一唱、跳一跳等不同的方式进行创编，激发孩子的创造力。 2. 组织小组汇报成果。 每个小组自由决定自己的汇报方式，可以请小代表，也可以集体汇报。 3. 组织投票选举。 选出自己最喜欢的“规律”，并说一说原因。	1. 小组合作设计规律。 2. 小组代表汇报规律。 3. 投票选出最受欢迎的规律。	1. 能通过小组合作创编出至少一种规律。 2. 创编内容丰富、有趣、有创意。 3. 小组代表能用数学的语言完整描述出自己小组的创作成果。

续表

<table>
<tr><th rowspan="2">环节</th><th colspan="3">教学过程</th></tr>
<tr><th>教师活动</th><th>学生活动</th><th>评价要点</th></tr>
<tr><td>板块五：拓展延伸，深化思维</td><td>1. 提问：你在生活中还见过哪些规律？
2. 播放资源：有规律的图片、视频、音乐。</td><td>1. 找一找身边的规律。
2. 欣赏规律。</td><td>能用数学的眼光观察现实世界，并将所学知识与生活实际建立联系。</td></tr>
<tr><td>板块六：小结回顾</td><td>全班小结：在这节课中你都有哪些收获？</td><td>说一说自己的收获。</td><td>至少能说出一方面的收获。</td></tr>
<tr><td>资源运用</td><td colspan="3">1. 利用轻轨穿楼视频、音乐《法国号》，让学生在生活中、音乐中发现规律。
2. 让学生利用平板电脑、印章等工具设计规律，学会智慧地迁移运用。</td></tr>
</table>

案例3　教学设计：空气能占据空间吗

学习目标

1.能通过探究活动，知道空气占据一定的空间。

2.能够运用简单材料进行操作，研究空气占据的空间。

3.用实验现象做论据支持自己的观点，做基于事实的推理。

4.初步了解日常生活中“空气能占据空间”相关的应用。

设计意图

三年级的学生都喜欢实验，大部分学生已会进行仔细的观察，学生在实验前已具备了提出假设、设计实验计划、进行实验验证的初步探究能力，学生小组内的合作交流也有了基础。但学生还不能抽象出一些科学概念。因此，本课将物质科学领域和技术与工程领域的相关学习有机整合，经历探究实践活动，有助于促进学生对概念的深入理解，发展他们的实践能力、思维能力和创新能力。

表4.3为教学设计：空气能占据空间吗。

表4.3　教学设计：空气能占据空间吗

环节	教学过程		
	教师活动	学生活动	评价要点
课前准备	1. 提前将学生分组。 2. 准备好教具。 3. 准备好课件视频资源。	小组合理分工。	仔细倾听，端正坐姿。
板块一：情景引入，观察体验	1. 创设生活情景。 通过线上游欢乐谷，给生活中的物品（气球、游泳圈）放气，引导学生初步感受空气的特点——虽然无色透明，但有体积、会占据空间。 2. 设疑：空气能占据空间吗？	1. 抽生进行动手操作。 放气球和游泳圈的气，其他同学观察、谈感受。 2. 小组体验放出游泳圈的气。 3. 思考空气是否能占据空间。	1. 独立思考如何把物体一袋装走，并能积极发言。 2. 能通过放气体验，初步感知空气能占据空间。
板块二：实验探究，发现奥秘	1. 在情景中探索发现。 引导学生云游欢乐谷魔术剧场，观察思考魔术的奥秘。 2. 组织小组实验和汇报展示。 引导学生找到原因并解决问题。 3. 带领学生自主探究。 释疑：空气能占据空间吗？	1. 观看视频。 思考魔术的科学奥秘。 2. 小组交流。 猜想魔术原理。 3. 观看实验操作视频。 组内合理分工：操作、记录、研讨。 4. 汇报展示。 分析实验现象、小组尝试实验、自主分析原因。	1. 能规范进行实验，边进行实验边记录。 2. 能分析实验过程中存在的问题，发现空气能占据空间。
板块三：运用实践，应用创作	1. 演示运用。 利用空气占据空间的原理制作音乐喷泉。 2. 组织小组实践。 鼓励学生猜想喷泉的设计方法，激发兴趣。	1. 观摩演示。 2. 小组实验。 尝试音乐喷泉实验。	能根据音乐的高低起伏，小组合作创作音乐喷泉。

续表

环节	教学过程		
	教师活动	学生活动	评价要点
板块四：知识延展，智慧生活	1. 课堂小结。 通过出示空气占据空间的图片，引导学生拓展总结：空气在哪里？ 2. 拓展探究。 通过手机操作空气成像仪，提出课后自主探究：空气还可以变成各种各样的图像，这是为什么？	1. 根据图片找到空气在哪里。 2. 观看视频以及空气成像仪。 自主探究空气成像原理。	能找到空气占据空间的事例，感受空气占据空间的用途，感受空气无处不在。
资源运用	1. 将空气成像仪带到课堂，让学生对科学充满好奇，激发进一步学习科学的热情。 2. 利用身边常见的场景、事物，如：游泳圈、气球等资源激发学生的探究兴趣，实验环节利用废弃的矿泉水瓶，在课堂上学习后，课后也可继续探究。		

第五章

开合班组课：打破隔墙，实现分层竞合与互鉴共学

为了切实转变教与学的方式，在建校之初，行远小学从班级空间建设方面进行突破，改造相邻两个自然班级教室隔墙，让相邻两个班合成一个大班，尝试探索“开合班组课”的模式。这一模式以“1+2+N”作为课堂组织形式，随需选择大课或分层辅导两种教学方式，形成双班竞争与合作共存的学习氛围。这不仅达到了一个空间多种利用的目的，还促进了师生之间、生生之间的互学互启，实现了学习增值。

论文成果：

开合班组课的实践逻辑

1+1>2，开合班组实现学习增值

课例研究：

朗读比赛课：雾在哪里

主题班会课：旧玩具奇缘

习作课：新年好——我为行远送祝福

开合班组课的实践逻辑

传统的班级空间依据单班教学而建立，虽然更适应分科课程及教师主导的单向授课，但是往往存在学习空间受限、学生的主体性未得到充分发挥等问题。为解决以上问题，行远小学在“多课型混搭”探索中创设了“开合班组课”。它不同于传统的单班教学，创造性地通过突破班级边界构建起与学校教育理念深度融合的教学环境，适应了《义务教育课程方案和课程标准（2022年版）》对优化课程内容组织形式提出的新要求，从而重塑教师角色，延展学习空间，为教育教学赋能。

一、什么是开合班组课

开合班组课（图5.1）是将两个相邻教室的隔墙拆除，以“可移动的伸缩式隔墙”取而代之，让相邻两个自然班合成一个大班而形成的教学形态。这是行远小学“多课型混搭”探索中的一环，其主要特征表现在三个方面：一是重组学习空间，突破班级界限；二是重塑师生角色，以“1个大班+2个分队+N个小组”的课堂组织形式，构建学习共同体；三是重整内容资源，适合课程需要，从双班分层、双班竞合、双班融合的三方面增强课堂教学效能，实现学习增值。

图 5.1　行远小学开合班组课堂图谱

二、为什么要探究开合班组课

（一）传统单班局限

单班教学在独立、固定的教室空间开展，存在以下局限：一是单班教学以教师主导，学生的主体性未得到完全发挥；二是单个教师独立教学，在一定程度上阻碍了跨学科、多学科融合课程的开展；三是学生在固定班级学习，不易发挥班级合作与竞争共存的氛围优势。

（二）开合班组优势

先塑造空间，再塑造行为。空间按其设计形成边界，影响课堂教学的行为模式。

在行远“多课型混搭”的探索中，教室不仅仅是一个单纯的物理空间，还是影响师生和赋能学习的智慧场域。“开合班组”力求以物理空间结构的突破，形成一个更为宽敞的学习场域。这一探索的优势主要体现在以下几个方面。

1. 合二为一，适合需求

通过物理空间的突破，双班既构成统一的整体，又相对独立。这有利于不限时段开展长课时课程，有利于跨学科、跨年龄、跨学段进行双班搭配，能够满足课堂授课、分层辅导、双班活动等多种教学需要。

2.师资混搭，优势互补

双师配合，即一个教师主导课堂，另一个教师协作教学，从而促进教师能力互补。不同学科的双师还能促进学科融合课程内容的开展，有利于师资的优化配置。

3.分层竞合，互学共鉴

开合班组课不仅可以延展学习资源、适应课堂内容，其拓宽的学习空间还有利于促进学生有效的学习行为。课堂从单班的师生之间、生生之间的二维互动走向多维交互，融合了班级优势，实现班级之间相互带动、互学共鉴，从而构建学习共同体，最大限度地发挥开合班组的教学价值，助力学生的发展。

三、怎样组建开合班组课

（一）拆除隔墙，突破班级界限

1.搭建学习空间

在建校之初，行远小学就改造了相邻两个班级教室之间的隔墙，以“可移动的伸缩式隔墙”取而代之，创设了“开合班”教室。这一结构设计突破了班级之间的界限，从物理空间上使两个自然班既形成一个整体又保持相对独立，搭建更开放、更灵活、多层次的物理学习空间。空间上从单个班级过渡到以班组群为基本单位，教室之间没有了清晰的边界，从而使得教室从满足教师授课的单一场域转向以学生为本位的、多元化的学习场域。这一以空间影响学习行为的转变，给师生之间、生生之间的多维交互提供了更多创造性的可能。

2.灵动设置布局模式

“开合班”教室的布局模式能根据课程需要进行动态设置。不同于传统的方形书桌及其秧田式分布，行远的“开合班组”模式使用梯形桌椅，让学生以紧密的关系存在于统一的学习空间中，为互动方面提供便利性；同时，拓宽的课桌活动空间便于学生在学习活动中保持个体的独立性，进一步贴近教和学的现实需求。动态的、灵活的布局呈现出以下三种模式（图5.2）。

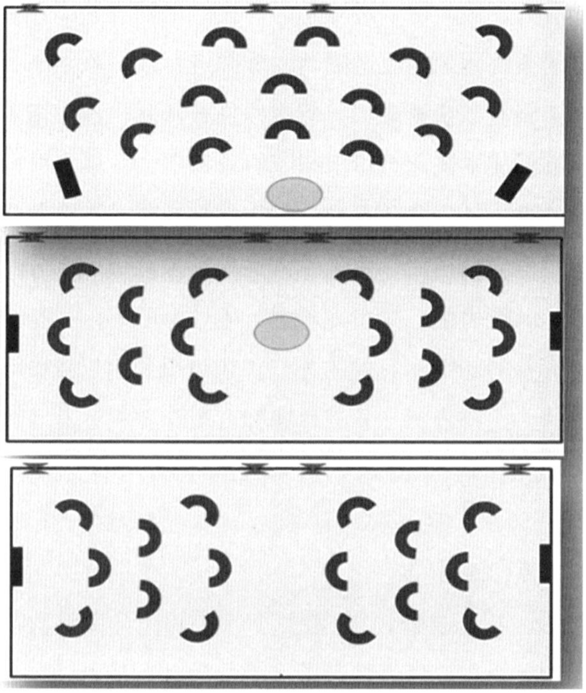

图5.2　行远小学开合班组布局模式

第一种适用于班会等班级合作类教学活动，第二种适用于辩论赛等班级竞争类教学活动，第三种适用于分层辅导等教学活动。多种教学活动的开展有助于实现《义务教育课程方案和课程标准（2022年版）》对课程内容结构的优化需求。

3.重塑师生角色

开合班组课重塑师生课堂角色，以环境的改变影响教师教学和学生学习的行为。教师开发学习资源，引导学生思考，是学习的组织者，充分发挥教学优势；两个自然班级的学生不仅是学习活动的实践者、问题的探究者，更是课堂学习的合作者，是竞争与合作中相辅相成、互学共鉴的学习共同体。师生角色的重塑促进了课堂学习的增值。

（二）依循组建，发挥师资优势

1.一主一辅的师资节省

（1）一主一辅，合作分工。开合班组课的一主一辅，即1名主导教师与1名协作教师优势互补，合作分工。行远小学是一所新建的学校，教师队伍呈现年轻化的态势，教师有大量的教研、进修学习、技能培训等外出任务。如何发挥师资优势是学校教育的关键问题。改造隔墙，教师进行双班教学来节省师资，腾挪出更多的时间帮助年轻教师快速成长，克服以往教师队伍建设培养成本高、培养周期长的弊端，能够低成本快速组建出相应的教师组合，具有可行性。

（2）学生当助教，师生角色互换。学生助教，就是指在教学过程中，改变以往完全由教师主导课堂的局面，由学生协助教师来完成一部分的教学任务。教师在学生当中选出学习能力强、知识理解透、表达清晰的学生作为助教，不仅是对传统师资的一种有益的辅助和有效的补充，还可以利用以点带面的效应，带动全班同学的学习热情，这符合《义务教育课程方案和课程标准（2022年版）》提到的："增强课程实施的情境性和实践性，促进学习方式的变革。"这进一步能促进教学质量的提升。

2.优势互补的师资混搭

（1）学科互融，拓宽视野。"双减"下，要想提升课堂教学的效率，精备课显得尤为重要。行远小学改变以往教师"单打独斗"的备课模式，采用年级组共研的方式设计精备课。例如：学科大单元整合，就是充分利用教师之间的优势互补，促进智慧众筹，进行合理分工——安排理论积淀深厚的教师着眼单元教材，按照单元编排确定单元大概念；安排文本解读独到的教师确定学段发展目标，进行大活动的设计。有时结合课程需要，教师也会以多学科共融的模式重设学习方式。以"爱国"主题的项目统整课程为例，备课阶段中语文教师和音乐教师、道德与法治教师进行研讨，实现内容上文学与歌唱、舞蹈、朗诵融合的同时，在教学方式上采用开合班组课的授课方式，从而促进学生深度参与合作，在学科互融中拓宽学生视野。学科互融符合《义务教育课程方案和课程标准（2022年版）》提出的"加强课程内容的整合"这一课程理念。

（2）能力互补，共同成长。开合班组课的主导和协作，由经验型和成长型教师两两组合的方式进行。经验型教师具有丰富的教学经验，成长型教师有活跃的思维又富有活力，两位教师相互补充，围绕教学目标形成一个有机团体，有利于提升教师课程资源的开发能力、课堂教学设计与实施能力，达到传帮带的目的。这种组合模式的出发点就是以强带弱，发挥优质师资的辐射作用，进一步促进教育均衡。

3.双班竞合的双师配合

“双班竞合”是指两个班的孩子形成一个学习共同体，相互竞争，合作学习。“双师配合”是指在同一堂课上由两位教师来共同教学，主导教师负责知识的讲授，协作教师负责维护教学秩序、答疑、辅导、评价等。开合班组教学的顺利开展离不开两位教师的密切配合，具体而言主要包括三个阶段。

（1）课前协同备课。两位教师在课前进行深度的协同备课。主导教师需要充分了解授课班级学生的学习进度、知识储备、学习能力等学情信息，以求在教学上进行适当的安排，避免出现“夹生饭”的情况。协作教师通过协同备课理解主导教师的教学思路、教学过程安排，以便有效配合主导教师完成各个教学环节，并做好答疑辅导、评价的准备。

（2）课中知识建构。开合班的主导教师主要承担“知识块”的角色，协作教师主要承担“知识串”的角色，两者分工合作，共同促进知识建构。课中，主导教师根据教学设计进行展开教学，根据学生遇到的问题发挥支撑、承载、联结的作用，确保学生在最近发展区内进行知识的建构。协作教师负责课堂组织与管理，将学生的学习镶嵌在运用知识的情境中，促进有意义学习的发生。协作教师在教学的不同环节发挥着不同的作用。科学课上，在知识学习过程中，当各小组在科学探究或头脑风暴等环节遇到问题时，协作教师为学生答疑解惑，辅助学生完成项目任务；班队课上，在知识建构过程中，协作教师鼓励学生进行分享、创造，让学生在建构知识、发现并合作解决问题的过程中体验学习的获得感与幸福感；在知识生成过程中，协作教师会对学生的学习成果进行评价，并通过对学生课堂任务参与、任务完成情况等的观察，对其进行形成性评价和发展性评价。

（3）课后评价反馈。课后，主导教师根据学生的学习成效进行教学总结，依据协作教师的评价反馈优化教学方案，完善课程设计。协作教师需评价主导教师的教学设计，并将学生对课程设计的反馈提供给主导教师。两位教师进一步优化教学设计，从而取得丰硕的成果。

（三）师生融合，构建学习共同体

在开合班组课的具体实践中，学校形成了“1 个大班+2 个分队+N 个小组”

的组织形式。这一组织形式是以两个班级为相对独立的个体，改造班级隔墙，突破物理空间限制，在共同学习场所中形成统一的大班级，再将其分成合作与竞争共存的N个学习小组。这种形式随需搭建，最大限度上促进所有的学生参与学习过程，形成师生融合的多维度学习关系，构建师生学习共同体。

综上所述，开合班组课的探索实践包括三大措施：一是拆除隔墙，突破班级界限；二是依循组建，发挥师资优势；三是师生融合，构建学习共同体，并辅以多学科融合、多跨界延展、多技术赋能，不断深耕，向高效课堂迈进，助力学生的成长与发展。

1+1>2，开合班组实现学习增值

《义务教育课程方案和课程标准（2022年版）》指出：有效的教学活动是学生学和教师教的统一，学生是学习的主体，教师是学习的组织者、引导者与合作者。为了寻求新的教学方式方法，促进学生主动学习，开创了开合班组课。开合班组课突破传统课堂的局限，将两个相邻的自然班融为一体，开展分层辅导、班级竞争类教学活动的需求。这样的课型以空间的突破带动教师角色的重塑，推动学生学习角色的转变，从而促进班班之间互启共鉴、师师之间优势互补、生生之间竞争合作，实现1+1>2的课堂教学效能。

一、双班分层，让因材施教成为可能

（一）以生为本，按需分层

在传统的单班授课形式下，我们发现学生各有特点，学习效率不同，学习能力参差不齐。学得快的孩子对知识的吸收更好，而学得稍微慢的孩子又会有些困难。长此以往，班级出现了有的学生“吃不饱”，有的学生“吃不下”的情况。如何在相同的时间内，实现更准确、更广泛的学生分层？行远小学在开合班组中找到了答案。

课堂上，将两个自然班合为大班，把两个班的孩子打乱，依照课程需要，进行重组。大班中的学生将依据学习能力被分为不同的小组，以便我们针对不同的小组设计不同难度的学习活动、学习任务，在课堂反馈时根据不同小组的完成情况进行相应的评价，避免千篇一律，保证教学时刻着眼于每个学生的“最近发展区”。

（二）抓纲务本，分层设计

开合班组的分层，实现的不仅是“人”的分层，也是“学习内容”的分层。在布置学习任务的过程中我们发现，所有的孩子完成相同任务的教学效果不够理想。基础性的任务对于一些孩子来说过于简单，达不到训练的目标，而困难的任务对于学习吃力的孩子来说又超出了他们的能力范畴，导致他们难以完成任务，失去自信心。因此，我们认为“学习内容”也要进行分层。

以作业辅导为例。拆除邻班之间的隔墙，让学生按照不同的层次围坐在一起，使得在同一时间段里有了这样的场景：学习慢一点的孩子完成基础型的任务，夯实基础，做好知识巩固；跟得上的孩子完成拓展型的任务，让这部分孩子不仅“吃得饱”，还能“吃得好”；平时学习效率高的孩子则完成拔高型任务，让学有余力的孩子跳一跳，够到更高。这样的分层学习与练习，让我们的课堂教学实现了时间最短化、效果最优化。

二、双班竞合，让内驱力顺势而生

（一）竞合的含义

“竞合”通常是指基于合作与竞争结合的经营战略，由商业竞争者合作工作从而能够受益的思想衍生而来。在教育领域，“竞合”可以代表学生基于合作与竞争结合的学习氛围，形成正效应的学习样态。“双班竞合”，则是两个班级的学生基于合作与竞争结合的学习模式来开展课堂。

（二）竞合的优势

1.优化激励方式

在传统课堂中，合作与竞争主要体现在小组之间，而在开合班组课中体现为班级之间的合作与竞争，促使班级文化和学习理念发生碰撞并进行磨合。两个不同群体的思维碰撞，更能激发学生的学习积极性。

在开合班组课中设置专门小黑板作为班级PK板，将每个班级的优秀表现以加星的形式在小黑板上呈现。课中，设置班级合作环节，使学生的思维进行融合。课后，查看黑板的PK榜，两个班级的表现情况一目了然。通过对获胜班级给予奖励，激发班级的集体感、荣誉感。在这一过程中，学生参与了合作与竞争，感受到大集体与小集体的力量和魅力。在课堂教学之后，一个班级的凝聚力也将得到增强。再回归到传统课堂中，这个班级就有了更多的向心力。

2.助增学习效果

通过促进班级之间的合作与竞争，可以较好地助增学习效果。班级之间的竞争氛围可以激发学生的学习热情、自我表达欲、探索欲等。与此同时，开合班组课中的合作交流，有助于培养学生的团队意识，有助于提高学生的交往能力，有助于全体学生获得参与感。把控竞与合的关系，形成班级竞合氛围，助增学习效果，体会课堂的乐趣。

3.激发学习内驱力

学习内驱力虽然来自个体内部，但在某种程度上也可以由外部环境决定，即学习内驱力是可以被培养的。在开合班组课中创设竞合的环境，可以有效激发学生的学习内驱力。

（三）竞合的策略

双班竞合使1+1>2成为可能，而评价则是使竞合的优势在开合班组课中得到展现的有效策略。

1.语言激励

教师在教学过程中所使用的语言，不仅应当与教材选择、教学内容、教学方法等相适应，还应当多一些激励性语言，这将极大激发学生的求学心。教育的最高境界是“随风潜入夜，润物细无声”，这需要教师将语言作为贯穿课堂全程进行隐性评价的有力手段。在课堂中，教师运用语言对学生的表现进行评价，可以营造竞争与合作的氛围，使竞合的效果最大化。

2.行为引导

小学阶段的儿童认知水平的最大特点是思维离不开具体直观的支持，所以显现的行为上的引导能够更好地发挥竞合的优势。同时，《义务教育课程方案和课程标准（2022年版）》指出：合理利用现代信息技术，提供丰富的学习资源，设计生动的教学活动，促进教学方式方法的变革。所以，利用信息技术手段开设智学评价系统，即学生、班级的表现可以通过系统上的加分实现优秀可视化。智学评价不仅与教师终端连接，也与家长终端相连，使得家长可以实时查看孩子在校的课堂表现。这使开合班组的课堂效果延续到课外，让优秀学生可以得到双重肯定。

3.成果展评

生活需要仪式感，课堂也不例外。在课堂接近尾声时，对两个班级的学生表现进行成果展评或者总结性评价，将使得学生的荣誉感、自豪感、集体感油然而生。

比如结合人教版数学一年级下册第五单元《认识人民币》，举办“旧玩具奇缘”的数学主题实践活动。该活动中，不仅制作拍卖活动登记表，使每位成功拍卖的学生都进行登记，记录本次活动中的收获与成果，还在每个学生成功售出自己的物品后，发放“爱心荣誉证书”。在这样的仪式中，学生们进行成果展评并总结升华本次活动中的收获。

三、双班融合，让学习增值

（一）班级的文化互启

每个班级的班风班貌存在差异，学风学纪截然不同，班级文化也各具特色。拆除隔墙后，班级里的孩子会看见另一个班级的环境创设、班级氛围。对于另一个班级的深入了解，也在悄然鼓励着孩子们优化自己的班级建设，把自己喜欢的特色之处就运用到自己的班级中：他们有一面好看的照片墙，我们也用上；他们将作品展示在教室，我们也布置。久而久之，两个班之间互相欣赏，也互相学习，形成了正向的影响。

除了环境建设的相互影响，班级的文化互启也存在于课堂中。以班会课为例，班会课是以班级为单位的全体学生的会议或活动。这里的班级原本是指一个自然班，然而打开邻班的隔墙后，班会课将在两个自然班级合成的大班里共同召开，商讨解决共同的问题。例如在班级常规公约拟定的班会课上，为了形成班级的共同约定，我们将两个自然班级各自原本的公约展示出来，让学生们相互补充，提出意见，最终修订出一个更完善的公约，以此实现班级间文化的互启互鉴。

（二）教师的经验互补

教师之间有思维差异，不同的教师对于课堂的见解不同，而不同的思维碰撞会形成更大的火花。传统的单班授课制，往往由1位教师独立承担课堂的教学设计，思维有一定的局限性。开合班组则实现了2位教师共创课堂，让教师们将各自想到的课堂金点子融入进来，使得教学方式更多维化，教学活动更多样化。

除了教学设计外，开合班组课也实现了课堂教学中的经验互补。课堂上的教学环节与教学活动，将依据课上的2位教师的风格和特长进行分配。一位教师主导教学活动，另一位教师协助完成并实时反馈。通过2位教师的密切配合、分工协作，做到真正的按需分层。

（三）学生的思维互鉴

学生在开合班组的课堂上将实现思维互鉴。上课时，当我们抛出问题，往往能在学生中听见一些很精彩的声音，而这些声音总是能带动更多的孩子参与进来。

在语文课《雾在哪里》中，我们采用了开合班组的课型进行教学，其中一个学习活动是共创以“雾在哪里”为主题的儿童诗。起初，学生的创作单一、思维局限，后来在大班竞争的氛围下，学生的创作越发有创新性，思维逐渐发散，形成了真正的思维共享场。思维活了，视野开了，参与讨论的孩子更多了，成长便落地了。

思维的互鉴不仅是在问题的交流中，也在学生们的学习习惯里。我们发现对于不同的班级，上课的风貌就会有所不同，学习方法也各有优劣。拆除隔墙后一个班级的好的学习方法就会辐射到另一个班级，两个班级在课堂上成为共同体。一个班的孩子回答问题较为积极，无形之中也提高了另一个班的活跃度；一个班的孩子的小组合作效率高，这样的好方法也影响了另一个班的孩子。课堂不仅是知识的交流场域，也成为学习方法的共享场域。

教育应回归到学生，从学生的视角出发，致力于学生的思维增值，才能使学生面对未来挑战时可以沉着应对。双班分层、双班竞合、双班融合等都是经过实践检验出来的有力策略，而有效的教学模式还有无限可能。在未来的日子里，我们期待更多的教育者带着真挚的热情一起探索未来教育。

案例1　教学设计：雾在哪里

学习目标

1. 正确、流利地朗读课文，对人物角色有自己的感受和想法，读好雾说话时的语气。

2. 读重点段落，明白句式特征，并能仿照课文例句；发挥想象，说说雾来时的景色，用自己的话说明雾还可以是什么。

3. 根据语文学科与科学学科的融合，了解关于雾的科学小知识。

设计意图

本节课根据教学内容、资源环境、学生能力、教师经验等实情，选择开合班组这一更灵活的课型。结合单元目标、课时目标和教学重难点，本课（表5.1）将语文学科与科学学科相融合，让学生在双班竞合中互启互鉴、多元自主学习。

《义务教育语文课程标准（2022年版）》中的核心素养指出语言运用是指学生在丰富的语言实践中，通过主动积累文中雾说话的语气，体会角色情感，能在具体语言情境中用自己的话表达。

表5.1 教学设计：雾在哪里

<table>
<tr><th rowspan="2">环节</th><th colspan="3">教学过程</th></tr>
<tr><th>教师活动</th><th>学生活动</th><th>评价要点</th></tr>
<tr><td>课前准备</td><td>1. 教师课前准备。
（1）提前将学生分组。
（根据学校文化理念“万物养正，登高行远”，把教室学生分成“登高组”和“望远组”。）
（2）准备好课件视频资源。
2. 教室环境准备。
将教室课桌摆放成图片样式，左侧为“登高组”；右侧为“望远组”。
</td><td>学生课前准备：
能灵活使用平板电脑，有一定的自主学习能力，对未知事物有很强的探究兴趣与能力。</td><td></td></tr>
<tr><td>活动一：课前谈话</td><td>1. 介绍本节课两个班互相PK的形式。
2. 明确每个组的组长为本节课助教，最终获胜的小组组长将会当小教师进行教学。
3. 明晰助教职责：一是管理好小组内的课堂纪律；二是带领大家一起讨论学习；三是提醒组员讨论的时候控制音量。</td><td>1. 学生明确PK指令。
2. 做好上课准备。</td><td>明确PK的形式和助教的职责。</td></tr>
<tr><td>活动二：播放视频，激趣导入</td><td>1. 揭示课题。
2. 放视频《重庆雾都》。
（利用班级前、后以及中间的3块屏幕同时展示视频内容，营造场景感）
说一说：在视频中，雾把哪些地方藏起来了？</td><td>1. 学生齐读课题。
2. 观看视频，根据视频回答问题。</td><td>能根据视频《重庆雾都》，找到雾在哪里，感受雾的神秘。</td></tr>
</table>

续表

环节	教学过程		
	教师活动	学生活动	评价要点
活动三：聚焦句子，读好语气	1. 朗读课文，找出雾孩子说的话。 交流汇报：谁来说说雾孩子说了哪些话。 课件出示： 我要把大海藏起来。 现在，我要把天空连同太阳一起藏起来。 现在，我要把海岸藏起来。 现在，我该把谁藏起来呢？我要把自己藏起来。 2. 指导朗读。 （1）小组合作学习。 假如你就是淘气的雾孩子，会怎么说呢？在小组内，每个人读一句，然后交换读一读。 （2）指名两个小组读，读后教师点拨。 （3）利用两个班级，进行PK朗读（激发起两个班级之间的PK学习兴趣，在竞争中朗读得越来越好）。	1. 自由朗读课文。 2. 结合文本，理解雾孩子的淘气之处。 3. 运用多种方式朗读雾孩子说的话。 4. 小组PK朗读。	通过双班竞争，能够用多种朗读方式，感悟雾的神奇。
活动四：探究文本，学习表达	1. 看图，说说雾的大和浓。 2. 出示相关句子。 于是，他把大海藏了起来，无论是海水、船只，还是蓝色的远方，都看不见了。 于是，他把天空连同太阳一起藏了起来。霎时，四周变暗了，无论是天空，还是天空中的太阳，都看不见了。 用读来表达雾的大和浓。 找出两段中相同的词语：无论、还是、都，并指导读好这些词，体会雾的大和浓。 3. 迁移表达，发挥想象。 过渡：雾还把什么藏起来了呢？发挥想象，请用这样的句式说一说。 雾把……藏起来了，无论……还是……都……。（学生自由说）（加上PK比赛，说得越多越好）	1. 看图，明白雾的大和浓。 2. 用读来表达雾的大和浓。 3. 利用句式“雾把……藏起来了，无论……还是……都……。”练习。	看图片，能说出雾的大和浓，并利用句式学习说话。
活动五：发挥想象，思维拓展	1. 小组讨论：你们觉得雾还会是什么呢？ 2. 交流反馈。 3. 引导学生一起朗读创编的儿歌。 （根据开合班组两个班级之间的PK以及PK榜上积分的差距，激发学生的创作欲望，从而激发起学生的想象力。）	通过小组讨论，创编儿歌。	通过互启互鉴多元自主学习，能够创编儿歌并朗读。

续表

环节	教学过程		
	教师活动	学生活动	评价要点
活动六：自主探究，科普进阶	1. 提问：还想了解关于雾的哪些知识？ 2. 助教引导学生自主学习（根据PK榜排名选出助教）。 3. 助教引导大家分三步学习： 首先，利用平板电脑查阅雾的知识。 然后，将查到的资料以语音方式汇报或制作成思维导图。 最后，利用家校圈分享收获。	1. 在助教的要求下，登高组用语音、图片、文字等多种形式在自己的班级群里分享雾是怎么散的。望远组利用平板电脑查阅雾是怎么形成的。将你查到的知识制作成思维导图，分享在班级群里。 2. 打开班级群，一起来看同学们找到的资料。	理解文本后，选出助教后，并能引导学生分三步走进行学习。

案例2　教学设计：旧玩具奇缘

学习目标

1.结合拍卖情境活动，增强学生的社会体验与交往能力。

2.能进行人民币简单的单位换算，提高理财意识。

3.通过此次拍卖活动，养成乐于助人、奉献爱心的良好品质。

设计意图

此次实践活动打开隔墙，发挥教师的经验互补作用，由2位教师共创课堂，2个班级的孩子也形成学习共同体，形成1个大班、2个分队、N个小组，使得学生能在2个班级文化中互启，在活动中体验奉献带来的快乐，增强学生的社会体验感与交往能力。

《义务教育数学课程标准（2022年版）》指出第一学段综合与实践主题活动要让学生在实际情境中认识人民币，能进行简单的单位换算，了解货币的意义，具有节约的意识，初步形成金融素养。

结合人教版数学一年级下册第五单元《认识人民币》，举办“旧玩具奇缘”的数学主题实践活动（表5.2），旨在让学生进一步加深对人民币基本知识的掌握，懂得如何使用人民币，并在拍卖活动中培养学生的语言沟通能力和实践能力，进一步积累数学活动经验。

表5.2　教学设计：旧玩具奇缘

环节	教学过程		
	教师活动	学生活动	评价要点
课前准备	一、教师准备 1. 将一个大展台作为拍卖台，用于放玩具、募捐箱等。 2. 一个募捐箱（将义卖所得的款项全都放于募捐箱中，由专人保管）。 二、环境准备 1. 打开教室隔墙，中间准备展台、移动大屏，两个班级的学生按小组围坐。 	1. 准备好拍卖物品（八成新以上，玩具需安全、卫生，也可以是采购的小物件，价格最好20元以下。） 2. 确定价格，贴上价格标签。 3. 准备20元左右的零钱。	将玩具分类清楚，有序摆放。
活动一：明晰规则	1. 了解拍卖规则。 播放拍卖规则视频，明确拍卖流程。 2. 小组交流。 通过观看视频，你知道拍卖有哪些规则呢？你对拍卖了解多少呢？ 3. 出示活动流程。	1. 认真倾听规则。 2. 交流困惑。学生提出自己的困惑。	能清楚地知道活动流程。
活动二：体验拍卖，奉献爱心	1. 小组轮流介绍。 两个班级以小组为单位，每位同学轮流上台介绍玩具，进行拍卖，价高者得，每件商品有1分钟的拍卖时间。 2. 引导学生思考介绍语。 想一想怎样的介绍能让价格更高？ 对售卖商品的介绍语、价格等做适当指导。（建议价格1元至10元之间） 3. 学生准备介绍语。 引导学生设置合理的起拍价，以防流拍。	1. 准备拍卖物品的介绍语。	1. 能比较流利地介绍自己的玩具。

续表

<table>
<tr><th rowspan="2">环节</th><th colspan="3">教学过程</th></tr>
<tr><th>教师活动</th><th>学生活动</th><th>评价要点</th></tr>
<tr><td>活动二：体验拍卖，奉献爱心</td><td>4.成功拍卖后填写拍卖活动登记表。
<table><tr><th colspan="5">行远小学“旧玩具奇缘”拍卖会登记表</th></tr><tr><td>序号</td><td>物品名称</td><td>单价</td><td>数量</td><td>所得金额</td></tr><tr><td></td><td></td><td></td><td></td><td></td></tr><tr><td></td><td></td><td></td><td></td><td></td></tr><tr><td></td><td></td><td></td><td></td><td></td></tr><tr><td></td><td></td><td></td><td></td><td></td></tr></table>5.巩固人民币的换算。
成功拍卖后，引导学生尝试进行简单的换算、找零。
6.发放证书。
每个学生成功售出自己的物品后，会获得“爱心荣誉证书”1张。</td><td>2.学习招揽生意的技巧和方法，如：怎样吆喝及加价的技巧等。
3.积极参加拍卖活动，成功拍卖后直接将款项放于募捐箱中。</td><td>2.能正确找零，巩固人民币的知识。</td></tr>
<tr><td>活动三：评价反馈，分享收获</td><td>1.交流小结。
今天的拍卖会上你有哪些收获呢？
2.清点物资。
写明班级及所有的款额，并向大家公布本次义卖活动的总金额。（统计剩余商品）</td><td>1.要有计划，要遵守时间和规则。
2.锻炼交际技巧和理财能力。
3.节约资源。</td><td>能至少说出一方面的收获。</td></tr>
</table>

案例3　教学设计：新年好——我为行远送祝福

学习目标

1.知道“好运连连、寿比南山”等祝福四字词的使用场景，积累词语。

2.能运用四字词，写出祝福段，感受送祝福的乐趣。

设计意图

课堂上两名教师分别以“导学”“伴学”的身份参与教学（表5.3）。导学教师驱动任务，突破重点；伴学教师共同学习，分班指导。让原本毫无交流的两个班，通过开合，成为学习共同体，在班班竞合的学习氛围中，提高学习的主动性、内驱力，高效完成教学目标。

表5.3 教学设计：新年好——我为行远送祝福

环节	教学过程		
	教师活动	学生活动	评价要点
课前准备	教师分工准备。 1. 三位教师负责优化教学设计。 2. 一位教师负责 PPT。 3. 一位教师负责学生的组织、教案学习单的打印。 4. 一位教师负责学习单的设计、板书。	1. 查找表示祝福的四字词语，并了解词语的意思。 2. 把词语工整地书写到白纸上。	合理分工，课前准备充分，使课堂更高效。
课前介绍 【设计意图】介绍开合班组的形式以及上课主题，调动孩子们的积极性。 【时长】1 分钟	教师介绍本堂课的目的及上课形式。	学生调整状态，准备进入课堂。	课前交流，介绍课堂形式，拉近与学生的距离，调动学习积极性。
活动一： 祝福词语，我知道 【设计意图】《义务教育语文课程标准（2022 年版）》指出要引导学生注重积累，勤于思考，乐于时间，勇于探索，养成良好的学习习惯。课前收集词语，课中交流说话，让学生能在句子中运用恰当的表示祝福的四字词，让祝福对象和祝福语相匹配，达到由词到句的过渡。体现开合班组双班竞合的优势，激发学生的内驱力。 【时长】5 分钟	一、引入说词语 1. 谈话导入，说词造句。 （1）学生交流收集到的四字词。 （2）用四字词说一句祝福语。 出示说话支架： 我收集的词语是____________，我可以用它来祝福______（谁）______。 二、分班 PK 展示 1. 各组展示收集的词语成果，将其贴在黑板上。 指名汇报词语，贴成板书。 2. 齐读词语。 三、读句子，学方法 1. 多种形式读祝福。 一祝爷爷奶奶福如东海， 二祝姥姥姥爷寿比南山， 三祝爸爸妈妈万事如意， 四祝叔叔阿姨好运连连。 2. 学生口头仿照创编。 （1）指名仿照例子说祝福。 （2）小结。 原来呀，祝福语就是祝谁怎么样。 出示支架：祝谁怎么样。 （3）小组竞赛说祝福。	1. 认真倾听。 2. 积极交流展示。 3. 分组竞赛。	通过展示收集的词语，采用双班竞争的形式，让学生在“你追我赶”的竞争学习中知道第一种祝福语怎么说。

续表

环节	教学过程		
	教师活动	学生活动	评价要点
活动二： 祝福话语，我表达 【设计意图】创设丰富多样的学习情境，激发学生的好奇心、想象力、求知欲，促进学生自主、合作、探究学习是《义务教育语文课程标准（2022年版）》提出的学习方式。在此环节为学生搭建由词到句、由句到段的支架，在合作学习、分班研讨中突破用四字词写祝福语的难点。这体现开合班组中双师角色分工、优势互补的特点。 【时长】8分钟	过渡：四字词不仅可以运用到句子中，在段落里也有妙用！你们看： 一、共读资料袋 1.出示段落文本。 文本1： 一祝行远孩童健康成长， 二祝行远家族万事如意， 三祝两江人民幸福安康， 四祝中华民族繁荣富强。 文本2： 祝妈妈新年快乐!事业顺心顺意，工作顺顺利利，身体健健康康，心情快快乐乐，事事都顺心如意！ 2.自读两段文本。 二、分班拓展学习 1.分班学习，开启竞合模式。 一组的孩子学习第一个文段，二组的孩子学习第二个文段。出示学习要求： （1）读一读：读通顺，读出节奏。 （2）说一说：跟助教说一说这样的祝福语好在哪里。 2.学习资料袋祝福语。 两组孩子分别由1位教师带领进行学习。 3.学习反馈 （1）学生分享自己最喜欢的段落。 （2）交流讨论。 三、学习反馈。 1.交流汇报。 指名汇报所学文段好在哪里。 2.练习仿说。 （1）预设第一个支架： 一祝________________ 二祝________________ 三祝________________ 四祝________________	1.自主学习资料袋祝福语。	通过给出的祝福范例以及练说，在给出仿写支架后使学生学会新的祝福语方式。

续表

环节	教学过程		
	教师活动	学生活动	评价要点
活动二： 祝福话语，我表达 【设计意图】创设丰富多样的学习情境，激发学生的好奇心、想象力、求知欲，促进学生自主、合作、探究学习是《义务教育语文课程标准（2022年版）》提出的学习方式。在此环节为学生搭建由词到句、由句到段的支架，在合作学习、分班研讨中突破用四字词写祝福语的难点。这体现开合班组中双师角色分工、优势互补的特点。 【时长】8分钟	（2）齐读仿说成果。 （3）预设第二个支架： 祝____新年快乐!新的一年________，____，____，____。 （4）自读。 3. 过渡。 说了这么多的祝福语，赶紧拿出学习单写一写吧！	2. 分享成果。	分组学习，分层辅导，在交流反馈时两个大组相互启迪，思维互补。
活动三： 节日祝福，我创作 【设计意图】通过前面支架的搭建，学生学会用四字词写出合适的祝福语，送给喜欢的人，表达节日的心意，在展示环节进行思维的互启。 在此环节体现《义务教育语文课程标准（2022年版）》核心素养的内涵：语言运用。学生在丰富的语言实践中，具有正确、规范运用语言文字的意识和能力，能在具体语言情境中进行有效的交流沟通；感受语言文字的丰富内涵，对国家通用语言文字具有深厚感情。 【时长】6分钟	一、写祝福 1. 出示习作要求。 （1）选择你喜欢的方式写一段祝福语。 （2）写祝福语时要用合适的四字词。 2. 习作练习。 （1）学生自主进行习作。 （2）教师随机指导。 二、展示评价 1. 展示汇报，分享成果。 2. 点评小结，进行修改。	根据所学进行写作练习。	明确写作要求，通过前面练习的积累，能用学过的祝福方式之一写一种祝福语。

续表

环节	教学过程		
	教师活动	学生活动	评价要点
活动四：总结	总结：孩子们，新年祝福语是中华文化的重要表现形式，咱们读了祝福，写了祝福，希望你们都能趁着节日把最真诚的祝福送给别人。这节课中，我们用文字的方式来表达祝福，其实，送祝福的方式还有很多。接下来，咱们就一起走进“技术+创”的课堂吧！		课堂总结进行知识的梳理与回顾，让一课有一得。

第六章

室外探究课：拥抱体验式、场景式的真实学习

室外探究课是行远小学现行课型之一，是一种体验式、场景式、具身式的学习。此类课型通常由N名教师+N个班级学生组成，师生根据课程的需要构建灵活的学习共同体。由于室外科学探究的开放性及其实现难度，教师必须对此类课有所筛选，需要控制总量、精选内容。本章以室外探究课下的探究性学习为例，探讨对室外探究课的思考和探索。

行远探索：

室外探究课的实践逻辑

任务单在探究式学习中的应用

课例研究：

数学课：东南西北

多学科主题探究课：春

研学实践课：来自土地的馈赠

室外探究课的实践逻辑

小学室外探究课是室外探究课的启蒙课程。小学生正处于打基础的阶段，其知识积累与思维能力的发展是有限的。而单一传统的教室课堂教学是工业革命的产物，走的是为流水线培养工人的模式。从根本上讲，这约束着学生的发展。而现代社会发展远远不是那么简单地为流水线培养工人了。因此，在传统教室教学之外有了另一种突破，那就是室外探究课。可以说，小学室外探究课延展了学生的学习空间，是一种尝试，是一种突破，是一种变革，让学生在室外通过看一看、玩一玩、想一想、做一做的方式从中学到知识，培养兴趣，练习方法，构建全方位沉浸式体验，为学习打好基础。

一、什么是室外探究课

《义务教育课程方案和课程标准（2022年版）》指出："要引导学生利用广泛存在于学校、家庭、社会、大自然、网络和各种媒体中的多种资源进行科学的学习，将学生的学习置于广阔的背景之中，帮助他们不断扩展对周围世界科学现象的体验，并丰富他们的学习经历。"现在的孩子太需要这样的经历了，而室外探究课就给学生提供了这样一个机会。行远小学室外探究课（图6.1）是在多课型混搭探索中研发的一种新课型。

这种室外探究课场景往往是：一个或多个班级到室外活动，由一位教师讲解和指导，一名或多名助教带领孩子分组完成探究任务，几个主题活动就将学生与生活建立起了联结。活动中通过观察、实践、讨论、记录，最后得出结论，让学习更生动有趣。室外探究课的实践逻辑着力于延展学习空间，走出教室，突破围墙边界，打通校内、校外学习场。在学习内容方面，关注学科拓展、研学体验、生活实践……亲近自然，引发真实学习。学习组织上运用好三个环节：先导环节、体验环节、反馈环节，聚焦任务，促发深度思考。

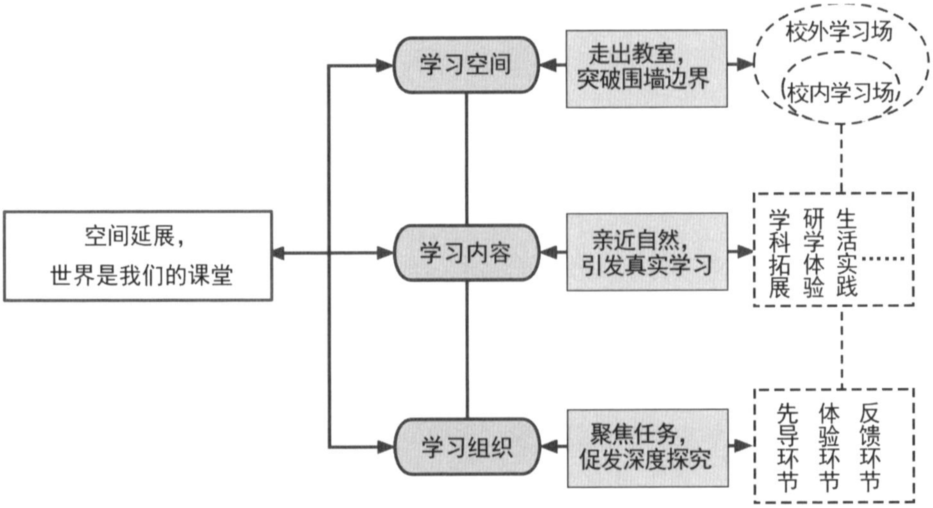

图 6.1　室外探究课的实践逻辑

二、为什么开展室外探究课

室外探究课走出教室，到户外学习，这样的教学方式并不是没有先例。中国的教育先师孔子讲学的地方被后世称为“杏坛”。何为杏坛，难道是周围种满杏树的一块讲学地？是，也不全是，孔子与弟子讲学并非囿于书院或任何一块地方，而是随疑作答，树下、溪旁……皆有可能。只从传统的“课程”——“六艺”（礼、乐、射、御、书、数）就能看出，教室不能承担起所有的教学空间。苏格拉底和孔子是同时期的先贤。苏格拉底和弟子的教学故事也广为流传，《最大的麦穗》是其中很经典的，这里的教学场地就在室外的麦田。学生们深受启发，对于“选择”这一话题有了更深的理解，管中窥豹可见一斑。

现行的单班教学始于西方工业革命，是为生产线培养大量的工人。常常是几十个学生以“班”为单位坐在一起，主要接受成果型知识，探索性和创造性受到阻碍。单班教学更是囿于有限的学生的认知，缺少了更多的思想交流和思维碰撞。

室外探究课走出教室，突破了物理空间，让更多的学生走在一起，有了交流的可能性。如此，将教育资源真实地展现在学生面前，延展了教育，构建了学生沉浸式体验方式，从而提升教学效率。

三、室外探究课是怎么开展的

我校常常把室外探究课分为三个环节：先导环节、体验环节、反馈环节。三个环节分别承担不同的任务，同时为同一课程目标服务。先导环节侧重明确规则和方法，体验环节侧重沉浸体验和探索，反馈环节侧重反思凝练和升华。

（一）先导环节：明确规则和方法

1.关照基础学情

对学情的关照往往是一堂课成功的关键。学生已有的经验和认知水平非常重要。首先，根据教学内容、资源环境、学生生活经验等实际情况，我们会选择以班级或年级为单位开展先导课，板块式设计探究活动，明确任务、规则和方法。室外探究课的学生走出教室，对教师的统筹管理能力提出了更大的挑战，所以更需要教师在先导课程中做出明确指示，让室外探究课更有序、更规范、更高效。当然，先导课可根据活动需要弹性设置时长，为探究留出更多的时间和空间。

2.梳理核心问题

高效的室外探究课离不开围绕核心问题开展。核心问题的梳理需要教师团队在本次室外探究课前深度研讨，让这些核心“问题串”前后关联，层次递进。可是怎么让教师设计的问题成为学生想要探索的任务呢？这就需要先导环节引导学生认识到活动的价值和意义，明确我们最后要达成的目标。

3.明确探索任务

小学生生性好动，长久的室内课不符合他们活泼的天性。现实中，只要教师宣布某节课将开展室外探究课，就能看到学生们欢呼雀跃的情景。可是，学生喜欢上室外探究课是一回事，能不能上好又是另外一回事。如何避免开展室外探究课时人多地广从而使得教师指导不便？约定探索规则，激发探索热情就非常重要了。

4.完成体验准备

师生准备就绪，我们需要发放任务清单。任务清单需要明确组织形式、人员分工等核心要素，让这些真正成为学生的学习指南。根据学习指南，让学生通过个人、小组、集体等多种方式进行室外探究活动从而形成高阶认知。

（二）体验环节：沉浸体验和探索

体验课是室外探究课的主体部分，也是教师最难把控的、让学生最兴奋的、能探究出成果的环节，考验着学生的自主管理能力、教师的组织能力、小干部的岗位胜任力。一堂成功的体验课往往离不开学生的自主自律、教师的巡视指导、任务单的清晰明了。

1.学生自主探究不逾矩

在体现学生主体作用的探究活动中，教师要舍得安排时间。让学生多动眼“看一看”，多动脑“想一想”，多动口“说一说”，多动手“做一做”，让学生充分发挥主观能动性，开发学生的思维潜能、操作潜能和情感潜能。无论是个体探究、小组研讨还是集体碰撞，学生都能依循规则，自主自律不逾矩。

2.巡视指导有方法

在室外探究课中关注学生学习的过程、情感的体验，团体合作精神显得尤为重要。这就要求教师在室外探究课时巡视指导，灵活运用教学智慧处理教学问题。在巡视过程中要关注学生是否全员参与、是否深度参与、是否默契配合，以防个别学生脱离课堂。教师在学生探究时起到疏通作用，确保室外探究的高效。

室外探究课需要及时记录从而形成探究初成果。在探究过程中，一般以小组为单位，实行组长负责制。小组内既有明晰的分工，又有合作任务。探究结束后需要在组长带领下及时整理记录，完成任务清单，梳理形成初步成果。

（三）反馈环节：反思凝练和升华

经过了先导环节和体验环节，小组都有了自己的初步成果，不同的人有不同的感受，不同的小组承担了不同的任务。所以，汇总、引导、提炼、升华也显得尤为重要。

1. 展示成果

好的反馈环节是互启互鉴，共享共进。展示成果是反馈课的重要环节，也是学生最喜闻乐见的。学生你看看我的，我看看你的，再一起看看他的……学生的成果被看见，能大大提高学生的探索兴趣。在一系列正循环中，学习悄然发生。

2. 交流互评

在展示成果后，充分地表达交流，互评互启是很重要的。我们需要留出充足的时间让学生充分表达，这样才能触发学生的探究热情，形成探索经验，丰富探索成果。其实，生生交流、师生交流的过程中就是探索目标、探索过程的再现。《义务教育课程方案和课程标准（2022年版）》也倡导评价方式的多元，师生、生生评价都是不错的评价方式。在室外探究课时更要鼓励学生进行生生评价。生生评价往往站在同一高度，在同样深度参与探索的基础上，评价往往更直接、更容易被同伴接受。学生在评价别人时也会加深认识。如此，有效调动学生的学习主动性，让室外探究课能持续发展。

3. 教师总结

在学生进行充分交流互评后，学生总是期待教师的点评意见。有效的教师总结更能活跃课堂教学气氛，提高课堂效率，激发学习兴趣，促进学生发展。教师的总结要涉及室外探究课的全程，将目光聚焦到特别闪光的地方和需要改进的地方。评价遵循多元、个性的原则，让评价真正为课程优化，为学生发展服务，从而带领孩子迈向知识的更高处、更深处。

四、室外探究课的意义

（一）学习空间：走出教室，突破围墙边界

虽然现在的学生的物质生活越来越丰富，但其自由活动的空间却越来越少。首先，室外探究课走出了教室，突破了学生学习的物理空间。在学中玩符合学生的天性，必然事半功倍。可现实是学生往往被困在学校的教室、有限的家里这样的方寸空间。室外探究课带领学生到更广阔的天地，得到了自然的滋养。

（二）学习内容：亲近自然，引发真实学习

真实的情景有助于学习的发生。俗话说：春有暖意，夏有花，秋有皓月，冬

有雪。岁月更替本身就是很好的学习材料，而这些一定要置身其中才能领悟。室外探究课的开展对学生的身心健康是至关重要的。越来越多的研究显示，与自然联系，能对人的心理、生理和精神产生积极作用。因为自然环境会刺激所有的感觉器官，帮助扩大学生的注意力范围，从而激发他们的好奇心、想象力，以及思考力和表达力。因此，在室外，学生更能运用多种感官的参与，构建使智力得到持续发展的认知体系。

（三）学习组织：聚焦任务，促发深度探究

在探究式学习中，小组合作是基本组织形式，贯穿学习过程的始终。要让室外探究课更高效，小组合作的有效性是非常关键的地方，这和教师的引导调控是密不可分的。于是，我们做了一些尝试：首先，抛出问题和任务，然后留出足够的时间探究，使组内合作更加默契。一个组即一个团体。组长与小组成员间的默契往往和课程效果紧密相连。我们希望看到团队成员间协调互助、取长补短、共研共生。那么，这就需要教师在日积月累的训练和培养中，特别重视小组合作的时效性，实现学生的最优发展，促进深度探究的多种可能。

自然是一切文化之源，会给学生理解文化的内在力量。身边的一草一木都是我们学习的素材。假使没有亲历过课堂上学习到的抽象概念、背诵的优美古诗词，又如何体会到自然之美而热爱生活？现行的很多课程皆可以进行室外探究课的设置。比如语文的四季之美，菜市场里的数学，丛林里的音乐，大自然的色彩，运动场的体育……越来越多的课程正在呼吁室外探究课的兴起。所以，到室外去吧！

当然，广义的室外探究课的组织者不光是教师，还可以是家长，是社区的工作人员，是学生小团体等。在主题的引领下走到室外，走进生活。学生喜欢室外，有好奇心、爱探索，而我们通过多一些的自然活动，帮助学生强健体魄，培养学生自然生活的素养和创造力。

总之，学生是大自然的一部分，他们理应和花鸟虫鱼一样，在白云、天空、大地间共生共长。根据时令节气、学科内容等选择室外探究课是非常有价值的，也是很有必要的。让学生面对真实的生活，解决真实的问题，目睹大自然的真实面貌，体验大自然的多姿多彩，尽享探究大自然成功的快乐，有真实的领悟才是有效的。最好的玩是走出去，最真的课堂是室外探究课。

任务单在探究式学习中的应用

“为什么学生的回答总是那么平淡、贫乏而又僵硬?”“为什么在这些回答里往往缺乏他们自己的、活生生的思想?”面对一个又一个真实的生命个体，要想课堂教学真实地发生，就要真实地进行改革。

一、探究性学习的困境

（一）囿于习惯——长臂管理，包办代替

1.“有序”播放课件

传统的课堂中，学生处于被动的状态，是应对和配合的角色，难以形成有效的学习动机。教师在上课时仅需点击一次课件的自动播放，幻灯片便按顺序播出，似乎使得教学有条不紊，流畅自如，但产生了许多问题，这在经验欠缺的教师的课堂中表现得更为突出。教师在带领学生一环扣一环、一问一答、一做一练的过程中，僵化的课堂氛围逐渐形成。即便有好的课堂生成，教师或为了让课堂更加切近预设教案会选择视而不见，或因为经验的欠缺而不会处理。经验欠缺的教师通常为了教而教，总是会处于“今天上课效果良好”的假象当中。这样的课堂使得教师和学生都被束缚，不仅学生很难进入深层次的学习，教师对生成的处理能力和教学水平也必定止步不前。

2.课前设定较多，整体架构缺失

每一个学生的学习都是独特的个性化的过程，然而课前的设定越多，课上学生的自由发展、自主思考的空间就会越小。

经验不足的教师常常满足于有序播放课件，经验丰富的教师常常忽视课堂的

整体构架和趣味性。两种类型的教师都会有课前设定较多的问题。

（二）流于形式——表象遮蔽，失去价值

在实际操作过程中，存在着探究性内容与目标不匹配、活动过程中的探究不足等问题，使得学生只会生搬硬套，不积极主动思考。教师风风火火走过场，学生欢欢喜喜不动脑，没有走向深度学习。

教师在设计活动的时候往往也是如此。活动设计得丰富多彩，活动有实践性、有操作性，但仅仅设计一种技能的训练，只要求学生快速输出，没有走向学生的自主探索，包括对社会、对自然、对自我的探索都比较少。因此，构建全新的探究式课堂的教学模式成为改革的必然要求。

二、探究性学习是出路

探究性学习是指学习者自主地参与获得知识的过程，掌握研究自然所必需的探究能力。在小学阶段，探究性学习通常是由教师设计课程，引领学生独立自主或以小组为单位合作进行知识的探究。学生可以自主根据多种方法去解决有关知识，形式上可以选择小组实验，也可以选择进行自主探究，结合自己所学过的知识和形成的思维模式来解决实际生活中的问题。探究性学习不仅能够让学生习得科学的学习方法，还能使之形成终身学习的理念，对学生的发展有良好的促进作用。

三、任务单是抓手

在日常教学中，学习任务单以学生为主体，以引导学生独立思考为目的；教案以教师为主体，以导教为目的。任务单是课程和教学内容的“择要”。因此，以学生为主体设计，以期引导学生汲取新知的学习方案都可归属于任务单。

（一）目标明确，找准航行方向

任务单在探究性学习中是帮助明确学习任务和目标的重要工具，也是学生利用清单创造性学习的重要参考。任务单应指向教师帮助学生学习的文件包，即以学生学习的最近发展区为基础，设计推送给学生进行课前、课中，甚至课后的自

主学习的一种辅助性学习材料，让学生在解决问题、完成任务的过程中达成学习目标。“学习指南”“学习任务”以及“困惑与建议”这三个部分是自主学习任务单的主要结构。其中，“学习任务”是一节自主学习任务单的主体。在学习任务中，教师会把关于本节课的教学重难点、教学思路与方法设计等思想以问题的形式展现。

（二）自主探究，培育创新思维

任务单是教师指引学生明确学习任务、学习方法、学习时间的重要工具。学生借助任务单的预设任务或问题，可以从以下两个步骤进行自主学习：第一步是展开实践探索，独立思考，解决自己能解决的问题，并对自己无法解决的疑难问题做出标记，在任务单预留空白处记下自己的疑点；第二步是针对自己无法解决的疑难问题，主动通过师生合作、小组合作等方式来解决。要注意的是，“自主学习”不是放任自流。教师作为指导者、促进者，在整个过程中要走到学生中间去，发现学生学习中的疑难所在，及时对小组或个人进行点拨指导，从而实现个性化教学，使不同层次的学生都有收获。只有让学生独立体验这一过程，才能拓展创新思维，向创新型人才的发展方向迈进。

（三）互帮互助，厚植人文素养

探究性学习通常以小组为单位，体现了小组合作的重要性。在强调学生自主学习的同时，要发挥合作学习的积极效应，达到深化和拓展课程学习的目的，促使学生学以致用。小组合作学习为探究性学习提供了根基，不仅能让学生在合作学习中自主探索，共同获取知识和获得思想感悟，而且能让学生在合作中学习沟通与交流，由此掌握合作的技能，培养学生的协作能力和团队合作精神，从而厚植人文素养。

（四）寓学于趣，探寻知识真理

学习任务单通常是在课堂中使用的，因而“面向全体学生”是一份好的学习任务的必要条件。只有兴趣足、热情高，才能保证每一位学生深度参与活动，这亦是探究性学习的前提。

四、任务单在室外探究课中的应用

室外探究课与室内课最大的不同在于地点的变化所带来的不可控制因素的增加，所以室外探究课的教学流程应趋于简单，减少非必要的环节，增加自由活动的空间和时间。我校以科学课程、劳动课程、研学类课程等作为主要的室外探究课实训学科。其中，科学室外探究课作为常规教学内容之一，着重强调把大部分的时间让给学生，简化课堂过程，因而在明确探究目标和任务单后，就可以让学生充分地展开自主探究。劳动课程与科学室外探究课程有异曲同工之妙。首先，在设计劳动课程的任务单前，要学生明确到室外去探究的目的，讨论好探究的方法、过程、要点。其次，要给学生确定任务单，让每一个学生都有事做。最后，在下课前应该组织学生回到教室，要先进行活动组织的总结评价，这有利于以后活动更好地进行，然后才是对劳动内容的讨论、总结及汇报。否则，孩子就会觉得劳动课乃至室外探究课是有始无终的课堂，极易造成学习态度不认真的后果。

（一）目标导向，让任务单有的放矢

任务单在学习中起到了指明灯的作用，为学生的知识学习明确了目标。因此，在探究性学习的任务单的设计中，需要以课堂教学内容为主要依据，提高任务单与教学目标之间的契合度。

（二）合作共赢，让任务单有目共睹

近年来，小组合作占学校教学的主导地位，我校亦是如此。小组合作教学模式不仅提高了学生的口头表达能力及动手实践能力，而且在合作交流中培养了学生的合作精神和竞争意识。以小组合作教学为基础，我们设计了不少学科的任务单。如在人教版一年级下册数学《认识人民币》中，11个人民币模板的内容较多，而学生对人民币这一日常生活用品有了新概念。另外，每个小组成员共4人，便于我们将学习任务进行拆解：把学习任务拆解成四个任务单，每人负责一张任务单，从而分散繁杂的学习内容。由此，以小组为单位的自主学习就组成了“学习共同体”，所有的学生缺一不可，实现了“互利互惠”。

（三）内容开放，让任务单有教无类

开放性的任务单内容设计，应为学生提供更多展示自我思考与探索的过程，要不仅仅局限于特定方面的内容训练，更要融合听、说、读、写等能力训练，为学生构建一个多维的知识体系。如在国庆节这个举国欢庆的时刻，我们依据当下发生的大事件来渗透爱国主义教育，并结合我校的智慧教育，让学生唱、听、画“红色”，以此达到育人的目的。

（四）过程趣味，让任务单有声有色

兴趣是最好的教师。任务单的设计应能够引起学生的学习积极性和热情。在符合学生身心发展特点和认知水平的前提条件下，任务单的设计应力求贴近学生的学习和生活实际，让学生在解决现实世界问题的过程中完成学习任务，达成学习目标，并且在此过程中能够产生愉快的情感体验，从而进一步激发学习兴趣，形成良性循环。因此，教师在设计任务单的过程中，要特别注意调动学生的学习兴趣和积极性。为激发、保持学生的学习热情，要讲究任务设置的技巧；为让程度不同的学生都有所进步，任务设置要有梯度，注意差异性，要考虑设计帮助的支架，并且留有攀登的空间。

室外探究课让学生通过观察、研究、利用网络等，跳出教室的限制开始“旅行”，了解不同的观点和世界。在整个过程中，学生根据各类任务单学看有意义的点、学说有意义的话、学做有意义的事，结合自身的经历，对新的信息进行深度学习。室外探究课是我校课改的起点，但绝不是终点。基于学生核心素养的课程改革，我们正在行动。

案例1　教学设计：东南西北

学习目标

1. 能用现代信息技术帮助学习，自主地从互联网上获取关于东、南、西、北的相关知识，并分享出来。

2. 能结合本校的校园环境，了解校园里标志性的东、南、西、北四个方向的建筑物，从而体验数学与日常生活的紧密联系。

3. 能根据给定的一个方向辨认出其余三个方向。提高小组成员的合作的能力和网络素养能力，培养辨别方向的意识，发展空间观念。

设计意图

通过一堂多课型混搭课程（表6.1），采取板块式设计，合理利用现代信息技术，提供丰富的学习资源，在实际问题的解决中，提升学生的探究热情，开阔学生的视野，提高学生的信息素养；让孩子们学会用数学眼光观察世界，学会用数学思维思考世界，学会用数学语言表达世界。

表6.1　教学设计：东南西北

环节	教学过程		
	教师活动	学生活动	评价要点
先导环节	一、发布任务 1. 观察太阳的位置与方向。 2. 定期观察，并做好记录。 二、课前准备 教师安排分工。	学生完成任务。	能定期观察，并做好记录。

续表

<table>
<tr><th colspan="2" rowspan="2">环节</th><th colspan="3">教学过程</th></tr>
<tr><th>教师活动</th><th>学生活动</th><th>评价要点</th></tr>
<tr><td rowspan="3">体验环节</td><td>板块一</td><td>一、课前问候
授课教师自我介绍，并问好。
二、创设情境
1.学生猜谜语。
2.引入课题。
太阳的作用：指引方向；让我们一起去认识位置与方向中的东、南、西、北。</td><td>学生问好。
交流分享太阳的位置方向。</td><td>能判断出太阳的作用。</td></tr>
<tr><td rowspan="2">板块二</td><td>三、自主探究，构建新知
1.利用平板电脑，搜索有关东南西北的知识。
2.分享成果至学习群里。
形式：语音、截图、网址等。
3.知识小结。
教师讲解、分辨教室里面东南西北各方向的标志性物体。
四、观看视频，发布任务
1.视频讲解。
交流指南针的使用方法。
2.方法小结。
教师讲解并演示指南针的操作过程。
3.发布前行约定。</td><td>观看视频，了解指南针的使用方法。
学生明确任务。
学生小组合作探究。</td><td>能自主搜索并分享有关方向的知识。
会分辨教室里物体的方向。
能有条理地表达指南针的使用方法。
能理清任务，有序完成小组分工。
倾听同伴的发言后，能提出自己的想法。</td></tr>
<tr><td>4.发布任务。
（1）以小组为单位利用“指南针APP”，感受东、南、西、北。
（2）通过指一指、说一说发现方向的相对性。
（3）通过转一转发现东、南、西、北这四个方向之间的有趣的关系。
（4）绘制观测点的示意图。
五、室外探究、巩固内化
1.教师分工。
2.教师巡视并指导。
指导操作方法、注意活动中学生的安全。
3.组织学生，汇聚成果。</td><td></td><td></td></tr>
</table>

续表

<table>
<tr><th colspan="2" rowspan="2">环节</th><th colspan="3">教学过程</th></tr>
<tr><th>教师活动</th><th>学生活动</th><th>评价要点</th></tr>
<tr><td>反馈环节</td><td>板块一</td><td>一、晒一晒
通过手机将探究任务单拍照上传到操场电子大屏上进行分享。
二、评一评
每位学生在线投票评选出“最佳探究小组”并积分奖励。
三、活动小结
教师讲评、展示活动成果、总结学生的表现情况。</td><td>分享劳动过程中的体验和收获。</td><td>能熟练操作分享学习任务单。
观看其他小组的探究后，能自主判断出“最佳探究小组”。
能自我总结反思探究任务的收获所得。</td></tr>
</table>

案例2 教学设计：多学科主题探究课“春”教学设计

总学习目标

1.通过打开门走到室外，从而扩大认识的眼界，获得丰富的知识。

2.增加室外体验，在各种活动中提高核心素养。

总设计意图

草长莺飞，桃红柳绿，春天是万物复苏的季节，更是孩子们亲密接触大自然，欣赏美景，拓宽视野，进一步感受春天气息的大好时节。因此，行远小学以“春”为主题开展多学科室外探究课。

案例2.1 “技术+创”学科“智享春天”教学过程

学习目标

以生活为教材，打破教室边界，让自然成为课堂。通过设计实践任务，运用智能设备，让学生在实践中感受“春”的魅力，锻炼其善观察、会拍摄、能制作的能力（表6.2）。

表6.2 “技术+创”学科“智享春天”教学过程

环节		教师活动	学生活动	评价要点
先导环节	板块一	1.观看视频《春》。 教师出示《春》的视频，让学生感受春的魅力。 2.说一说你感受到了什么。	观看视频《春》，感受春天的美丽。谈一谈自己的感受。	能流利地说出自己的感受。

续表

环节		教师活动	学生活动	评价要点
先导环节	板块二	1. 布置探究任务。 2. 引导学生以小组为单位进行分工。 3. 引导学生提前下载剪映、WPS 等软件。	1. 明确并记录室外探究的任务。 2. 人员分工。 3. 下载剪映、WPS 等软件。	能明确自己的任务，按照要求下载软件。
体验环节	板块一	布置任务，明确要求： 孩子们，春天来了，外面到处都充满了春的气息，你可以屏住呼吸，闻一闻，校园里面那迷人的花香味。今天，我们的任务就是去寻找校园里面的美景美物，用你手中的平板电脑把那些美好的事物以图片或视频的形式留存下来，电脑制作成精美的相册或者漂亮的视频。	1. 带好智学工具，明确室外探究任务。 2. 知晓探究时间和活动范围。	能清晰了解此次任务的要求。
	板块二	自主探究，收集素材： 学生以小组方式自主探究，收集素材，形式不限，可以是图片，也可以是视频。教师巡视指导，实时观察学生的探究情况。	1. 学生自主探究。 2. 收集素材。	能自主探究，完整地收集素材。
	板块三	作品制作，提升能力： 1. 整理探究活动收集的素材。 2. 进行作品制作。 3. 小组成员检查作品的完整度。 4. 作品收集。	1. 整理素材。 2. 制作作品。 3. 检查作品。 4. 展示作品。	能自主整理素材，制作完整的作品。
反馈环节	板块一	总结本次探究课的活动过程。	总结此次活动的收获和遇到的问题及解决办法。	能有条理地说出自己的收获以及解决问题的措施。
	板块二	评价学生的作品成果。 1. 生生互评。 学生之间、小组之间相互对作品素材是否丰富、视频及相册制作是否精美进行点评。 2. 师生共评。 学生以小组为单位进行汇报后，教师和学生对其作品的精美度、丰富性进行评价，并选出优秀的小组作品。	学生以小组为单位上台展示汇报自己的作品，其他小组进行评价。	能够试着制作精美的作品，收集素材完整丰富。
	板块三	完善修改作品： 请同学们根据提出的修改意见，自行修改作品，并将修改后的作品提交到班级群的文件夹里。	根据意见修改完善自己的作品。	能够根据意见再次完善优化自己的作品。

案例2.2 语文学科“智颂春天”教学过程

学习目标

在巩固学生对第一单元“感受春天之美”知识的同时，让学生能够跟随书本的脚步，走进生活，寻找春天的足迹，并能用文字记录春天的美（表6.3）。

表6.3 语文学科“智颂春天”教学过程

环节		教师活动	学生活动	评价要点
先导环节	板块一	1. 读古诗，猜季节。 读一读这首古诗，你知道这描写的是哪个季节的景物吗？ 2. 你还知道哪些描写春天的古诗？	读一读、背一背有关春天的古诗。	能够流利通顺地背出积累的古诗。
	板块二	1. 感受春天的美。 观看视频《春》，说说自己的感受。 2. 寻找春天。 春天这么美，我们可以通过哪些方式来寻找春天、记录春天呢？（在室外探究课中，观察、寻找春天，用文字、图画等记录春天的美） 3. “赞颂春天”书法比赛。 4. 明确下节课的探究任务。（在校园里寻找春天的足迹，并用文字记录春天的美）	1. 看视频，谈感受。 2. 完成“赞颂春天”书法比赛活动。	能够工整规范地书写。
体验环节	板块一	1. 明确室外观察的要点。 观察事物的特点：形状、香味、颜色、大小等。 2. 搭建支架，学习范文。 教师出示范文，学生学习范文是从哪些方面来描写景色的。 3. 教师讲解总结。	1. 学习如何观察事物并记录。 2. 学习范文，加深印象。	能够归纳范文是从哪些方面来写景物的，并能试着仿写。

续表

环节		教师活动	学生活动	评价要点
体验环节	板块二	1.活学慧用，自主观察。 学生以小组为单位，观察校园里植物的形状、大小、颜色等，并用“这是一棵……它长得……有着……的叶子，每到春天，它总是开出……的花朵”等句式记录下来。 2.教师巡视并指导。 学生在观察记录时，教师要随时关注每个孩子的观察记录情况，并对学生有疑问的地方进行指导解答。 3.引导学生完成观察小作文。	1.自主观察植物。用关键句记录观察对象的特点。 2.完成观察小作文，并将其交给教师。	能够准确使用关键句式进行记录。
反馈环节	板块一	评选“小小书法家”。 1.在教室的墙面上展示学生的书法作品。 2.学生自主欣赏其他同学的作品并投票。	展示欣赏作品，并投票。	能够从规范工整、干净整洁等维度对其他同学的作品进行点评。
	板块二	1.作文展示评比。 学生小组之间相互传阅作品，并点评。 2.评选“优秀小作家”。	传阅其他同学作品，并评选“优秀小作家”。	
	板块三	书法作品展。 以年级为单位，各班将优秀的书法作品在英语长廊进行展示。		

案例2.3　数学学科“智探春天”教学过程

学习目标

1.通过观看实物，认识到从不同的位置观看物体，所看到的样子可能是不同的。

2.通过观看实物，能正确识别前面、上面和左面观看到的一组立体图形的位置关系与样子。

3.在拼摆、观看等数学活动中，提高推理能力，发展空间想象能力。

表6.4为数学学科“智探春天”教学过程。

表6.4 数学学科“智探春天”教学过程

<table>
<tr><th colspan="2">环节</th><th>教师活动</th><th>学生活动</th><th>评价要点</th></tr>
<tr><td rowspan="2">先导环节</td><td>板块一</td><td>古诗导入。
1. 同学们，还记得《题西林壁》这首古诗吗?对同一座庐山，为什么世人看到的却是“远近高低各不同”的风光呢?
2. 师生沟通后明确：由于观看的位置不同，庐山展现出千变万化的风光。这里，诗人是从不同的位置对实物进行观看。</td><td>1. 齐背《题西林壁》这首古诗。
2. 思考为什么看到的风光是远近高低各不同?</td><td>能对“远近高低各不同”这句话谈谈自己的理解。</td></tr>
<tr><td>板块二</td><td>观察图片，猜形状。
出示劳动基地不同形状的立体图形。请学生猜猜左边的物体是由几个小正方体组合而成的，并表明理由。
师：看来要了解物体的真面目，只看一面是不够的，假如用若干个一样的小正方体拼摆成立体图形，在观看中又会存在哪些特点?今天，我们就来讨论这个问题。</td><td>1. 学生观察立体图形。
2. 学生猜测物体的组成情况。</td><td>能根据观察准确猜测物体的个数。</td></tr>
<tr><td>体验环节</td><td>板块一</td><td>1. 摆出立体图。
以4人为一小组，每小组有4个一样的小正方体。面对自己横向间断摆3个小正方体，再在左边第1个后面再摆1个。小组成员分别从前面、上面和左面进行观看。
2. 摆出平面图。
各自用小正方形卡片摆出从三个角度观看到的平面图。
3. 小组沟通，总结发现。
师：针对同一个物体，从不同的位置来观看，得到的结果是怎样的?
小组沟通后，概括总结：针对同一个物体，从不同的位置观看，观看到的结果各不一样。
4. 即时练习。
指导学生完成教材第13页“做一做”。学生自立连一连，并沟通反应。</td><td>1. 学生以4人小组为单位从不同的角度观察物体。
2. 学生用小正方形卡片摆看到的平面图形。
3. 讨论观察发现的结果。
4. 完成教材第13页“做一做”。</td><td>能正确独立摆出立体图，小组讨论观察结果。</td></tr>
</table>

续表

环节		教师活动	学生活动	评价要点
体验环节	板块二	1. 教材练习。 利用现有物体摆出教材第14页例2的三组立体图形。 2. 观察图形。 摆好后，每位同学从不同的位置去观看，把看到的样子记录下来。 提问：从上面看3个物体，它们的样子一样吗?从左面和前面看呢?小组沟通后，指名汇报。 小结：从上面看这3个物体，它们的样子一样。从左面看，样子也一样。但从前面看，样子不一样。 3. 教师小结。 从同一位置观看不同样子的立体图形，得到的平面图形可能一样，也可能不同。 4. 即时练习。 指导学生完成教材第14页“做一做”。 提问：这3个物体，从哪面看到的样子一样?从哪面看到的样子不同?小组沟通后总结。	1. 学生按第14页例2样子摆图形。 2. 学生观察摆好的图形并记录下来。 3. 讨论并汇报观察到的图形分别是什么样子的。 4. 完成教材第14页“做一做”。	能独立完成练习题，并做好记录。
	板块三	小组合作，实地观察： 同学们，刚才我们观察了一些立体图形，现在我们已身处大自然，请大家以小组为单位在基地里面找物体观察，并记录下你观察到的形状。	观察基地里的物品并做好记录。	能独立观察，并准确做好记录。
反馈环节	板块一	1. 总结收获。 评价反映通过今日这节课的学习，你有哪些收获? 师生沟通后总结：对同一个物体，从不同的位置观看，观看的结果各不一样；从同一位置观看不同样子的立体图形，得到的平面图形可能一样，也可能不同。 2. 布置作业。	1. 学生总结本节课的收获。 2. 学生完成课后作业。	能流利说出自己的收获，并按时完成课后作业。

案例2.4 美术学科“智绘春天”教学过程

学习目标

通过观察，学会取景，并运用铅笔淡彩的表现方法画一幅风景写生画，提高学生的观察能力和表现能力。

表6.5为美术学科“智绘春天”教学过程。

表6.5 美术学科“智绘春天”教学过程

环节		教师活动	学生活动	评价要点
先导环节	板块一	1. 出示铅笔淡彩作品，导入新课。 教师在课件上出示几幅铅笔淡彩作品来让学生欣赏，并观察铅笔淡彩作品的特点。 2. 学习铅笔淡彩作品的构图特点。 选择学生分享自己观察到的特点。	学生观察作品并思考作品的构图特点。	能够认真观察作品，并准确说出其特点。
	板块二	1. 教师示范绘画方法。 教师示范如何取景、构图、着色，学生学习并做好记录。 2. 布置下节课户外写生的相关事项。 通知学生准备好美术工具，提前将学生分组。	1. 学习铅笔淡彩作品的绘画方法。 2. 准备好美术工具。 3. 进行小组分工。	能够认真学习绘画方法，并做好记录，提前准备好美术工具。
体验环节	板块一	1. 巩固旧知。 抽生回答铅笔淡彩作品的绘画方法，加深巩固。 2. 检查用具，做好准备。 检查学生的美术用具。 讲解户外写生的注意事项。	1. 复习巩固上一节课的知识。 2. 检查自己的美术用具。	能够提前准备好美术工具，不遗漏。
	板块二	带队到指定地点写生。 1. 学生以小组为单位选择活动范围进行写生。 2. 教师巡视并指导。 3. 学生完成后，收集学生的作品。	在指定的地点进行写生，并对自己的作品进行着色绘画。	能积极观察，认真作画。
反馈环节	板块一	1. 张贴学生作品，共同评议。 将学生的作品进行展示，采用生生互评、教师评点的方式进行评价。 2. 评选“绘画小明星”。 学生以投票的方式选出主体突出、色彩明快、铅笔淡彩特点强的作品，并评选出此次绘画作品的小明星。	1. 学生进行作品展示评价。 2. 投选“绘画小明星”。	能学会欣赏其他同学的作品，并进行简要的点评。

案例2.5　体育学科“智竞春天”教学过程

学习目标

1.通过本次课的学习，学生进一步学习仰卧起坐的动作，发展弹跳力。

2.培养学生的灵敏性、速度性和奔跑的能力。

3.培养学生对动作认真负责的态度和集体主义精神。

表6.6为体育学科“智竞春天”教学过程。

表6.6　体育学科“智竞春天”教学过程

环节		教师活动	学生活动	评价要点
先导环节	板块一	课堂常规： 1.体育委员整队、师生问好、报告人数、检查服装。 2.宣布课的内容和任务：本节课的内容为仰卧起坐。	1.学生站四列横队，听从体育委员指挥来完成整队、问好等任务。 2.学生认真倾听有关本节课的任务，注意观察教师的示范动作。	能认真倾听本堂课的常规要求。
	板块二	准备活动。 1.各种图形跑操。 2.做广播操。 3.专项准备活动。	1.听从指挥，集中注意力。 2.学生充分活动身体各个关节。	能听从指挥，认真完成热身活动。
体验环节	板块一	讲解技巧。 1.教师讲解动作方法和要领。 同学们，我们今天要学的内容是仰卧起坐，我们做这个动作的时候要注意用力收腹，这样才能多做几个。 2.教师做分解动作和完整动作示范。 3.教师给动作要领不到位的学生个别指导。	1.学生认真学习教师示范分解动作的方法和要领。 2.学生两人小组练习。 3.学生分大组练习。	能模仿和领悟教师的示范动作。

续表

环节		教师活动	学生活动	评价要点
体验环节	板块二	游戏练习（快跳快跳）。 1. 教师讲解游戏要求和规则。 孩子们，这是一个很好玩的游戏，但大家得先掌握游戏秘诀。这个游戏的秘诀就是： （1）起跳前必须站在起跳线后不得踏线。 （2）跳垫子的要领是脚不要碰垫子，如果垫子倒了，把垫子扶起来再跳。 2. 学生根据教师的示范进行赛前练习。 3. 教师根据学生的比赛情况做胜负正确评定。	1. 学生认真学习教师的示范分解动作的方法和要领。 2. 学生练习比赛。 3. 学生分组比赛。	能准确理解规则，并按要求完成练习。
反馈环节	板块一	孩子们，刚才比赛消耗了大家不少的体力，接下来我们一起来做一些放松运动，让我们的身体慢慢恢复状态。	学生跟着教师的示范做放松运动。	能认真跟着做放松动作，练习身体的协调能力。
	板块二	孩子们，通过今天的学习，我们掌握了做仰卧起坐的要领是用力收腹，也通过比赛知道了更多的体育运动规则，还掌握了运动后的放松技巧，希望同学们今后加强练习，保持体能。	仔细倾听教师的课堂小结，回顾本堂课程内容。	能准确回顾本堂课的内容，自信地说出自己的收获。
	板块三	孩子们，本节课就上到这里了，下课。	1. 学生收拾运动器材并归位。 2. 在体育委员的指挥下回到教室。	能自觉遵守队列规则，井井有条返回教室。

案例3　教学设计：来自土地的馈赠

学习目标

1. 在收获萝卜和蒜苗的劳动实践中，掌握拔、剪、洗、择等基本的劳动技能。

2. 在真实的劳动体验和分享礼物的活动中，感受劳动带来的快乐。

设计意图

通过收获蔬菜让学生初步体验简单的种植、手工制作等生产劳动，在劳动过程中学会自我管理、团队合作，体悟劳动成果的来之不易，树立劳动最光荣、劳动最崇高、劳动最伟大、劳动最美丽的观念。

表6.7为教学设计：来自土地的馈赠。

表6.7　教学设计：来自土地的馈赠

环节		教学过程		
		教师活动	学生活动	评价要点
先导环节	板块一	一、发布任务 对蔬菜进行日常养护，定期观察，并做好记录。 二、课前准备 环创布置、准备劳动工具。	学生实践。	能对植物进行定期观察，并做好记录。
体验环节	板块一	一、课前问候 授课教师做自我介绍，并问好。 二、学生分组 1. 交流送祝福方式。 2. 学生分组。 将学生分成2个小队开展，分别是“锄禾日当午队”和“汗滴禾下土队”。	1. 学生问好。 2. 交流分享送祝福方式。	能清楚表达自己的想法。

续表

环节		教学过程		
		教师活动	学生活动	评价要点
体验环节	板块二	一、视频回顾 视频回顾学生前期对蔬菜养护时劳动的身影。 二、拔萝卜、蒜苗 1. 交流方法。 交流拔萝卜、蒜苗的方法。 2. 方法小结。 教师讲解、演示并总结拔萝卜、蒜苗的方法。 3. 发布任务。 任务一： （1）拔萝卜。 （2）剪掉根须和叶子。 （3）清洗萝卜。 （4）摆放到丰收区。 任务二： （1）拔蒜苗。 （2）清理蒜苗的泥土。 （3）整理蒜苗。 （4）摆放到丰收区。 4. 教师巡视指导。 5. 交流劳动体验。 6. 教师小结。	1. 观看视频。 2. 分享收集到的拔萝卜、蒜苗的方法。 3. 学习拔萝卜、蒜苗的方法。 4. 明确任务。 5. 进行劳动实践。 6. 分享劳动过程中的体验和收获。	1. 能基于生活经验，表达自己的想法。 2. 能根据任务，进行劳动实践操作。 3. 能大方分享劳动过程中的体验和收获。
反馈环节	板块一	馈赠传递快乐： 将收获的蔬菜以及祝福卡片打包，送出祝福，传递劳动的快乐。	学生书写祝福卡片，打包蔬菜。	

第七章

探索高质量教育的课堂新体系

多课型混搭的产生是顺势，也是必然。学校“四个五”的发展纲领明确方向，建立了多课型混搭的保障机制；人人都是信息技术教师的理念、处处均可深度研修的氛围，为多课型混搭的孕育埋下种子。那多课型混搭又是如何在我校落地生根的呢？本章将接着从思政课程、课后服务课程、劳动课程入手举例说明。

行远探索：

坚持“四个五”，学校高质量发展的方法论和新逻辑
“技术+创”课程系统升维的新路径
双线研修，让教师步入成长轨道的新范式
党建引领下思政课程的新设计
“三增三减”课后服务的新探索
劳动课程系统设计与常态化推进的新举措

坚持“四个五”，学校高质量发展的方法论和新逻辑

为了保证多课型混搭能有效地落地生根、持续地发芽结果，我校提出“四个五”的运行机制与保障系统，为长远发展提供原动力。

著名商业顾问刘润提出一个公式：底层逻辑+环境变量=方法论。只有理解和掌握了那个“万变不离其宗”的底层逻辑，将其应用于不同的、不断变化着的具体环境，才能创生出相应的一整套方法论。

办学的底层逻辑，诸如遵循规律、以人为本、尊重差异、因材施教、面向未来、全面发展、回归生活、知行合一等，早已深入人心，成为常识，引导着我们的办学行为。然而，处于飞速发展的变量时代，我们不仅正被疫情困扰，也常常因功利裹挟而迷失。如此情势下的新建学校，是“借船出海”还是“造船出海”？如何掌稳基本盘，找到独属自身高质量发展的方法论？如何疏通管理梗阻，才能避开传统学校的发展陷阱？如何顺应时代，学校才能在技术加持下步入发展快轨？如何才能回归人的成长，推动学校的转段升级？

笔者所在的重庆市两江新区行远小学，正是一所于2018年9月开门办学的城市新建学校。在近四年的探索中，学校选择“造船出海”，始终把握住办学的底层逻辑，采取以新技术突围的新战略，坚持“四个五”的机制原则，引领学校高质量发展。

“四个五”指的是如图7.1所示的五大部门、五创原则、五智行动、五种课型。

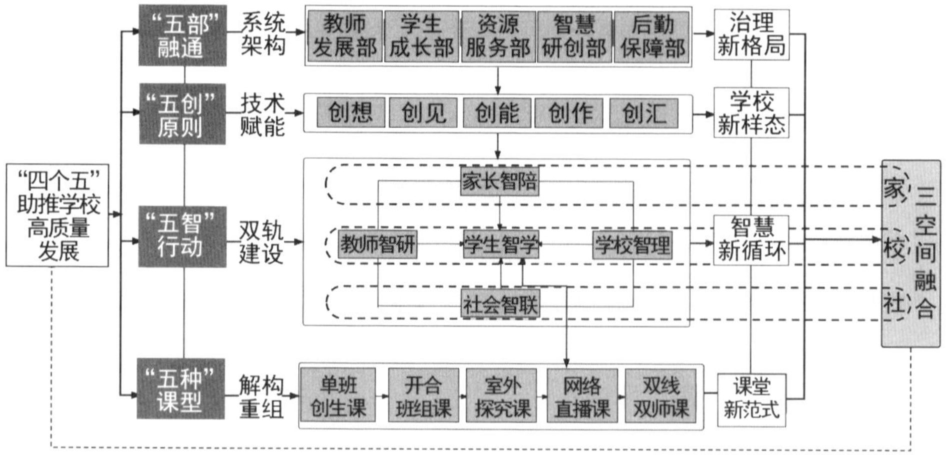

图7.1　学校组织架构图

一、系统架构："五部"融通，构建治理新格局

我们知道，传统学校，往往存在高度结构性依赖：比如强调"分部门、责权清"，使得管理干部常囿于自己的"一亩三分地"进行思考决策，导致缺统筹而形不成合力，缺协作而动力不足。长此以往，学校容易陷入教研科研两层皮、德育与智育分离、技术与教学割裂等窘境。

传统学校并非没有发现问题所在，然而即便采取措施，也收效甚微。这是由于学校容易受困于惯常运转，往往只在局部进行一招一式的小尝试、小改变，仅限于这里抄一点、那里仿一点，打造所谓的特色，寻求所谓的亮点。没有抓住办学的底层逻辑，当然会治标不治本。

建校之初，我们便升级学校的组织架构，努力从源头上疏通以上"管理梗阻"，提出了如图7.2所示的"雁群矩阵"发展模式。

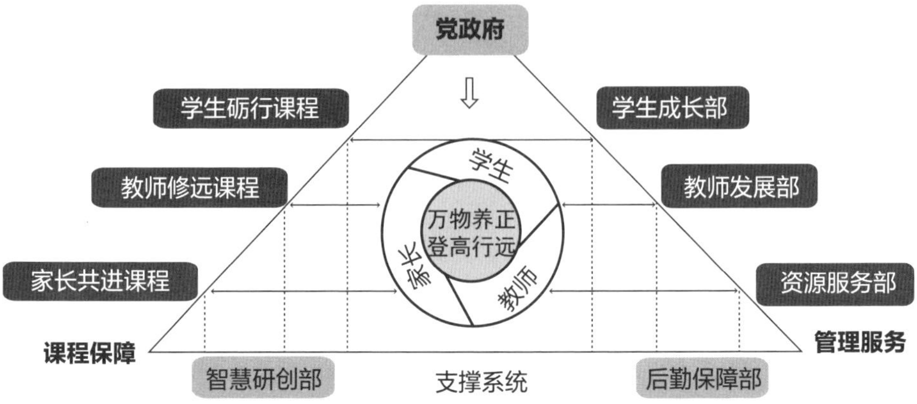

图7.2　“雁群矩阵”发展模式

学校的“雁群矩阵”发展模式以三条线构成稳固的三角形：左侧的课程研发线聚焦三类核心人群研发实施学生砺行课程、教师修远课程、家长共进课程，右侧的常规管理线设置学生成长部、教师发展部、资源服务部，下方的动力支撑线即智慧研创部和后勤保障部。

常规管理线的三个部门和动力支撑线的两个部门实现了一部门一课题，使得教育科研和常规管理深度融通，促进五大部门协同治理。在这样的“融合态”架构里，仅靠单打独斗行不通，忽视内涵发展路难行。各管理部门的内涵外延和服务流程也被重新设计，实现了从管理式的任务分工走向研究型的协作共建。

同时，学校还设置了“1+N”减震器，即1个雁群矩阵+N个动态项目组构成行远中央厨房。我们适时、随需成立N个项目组，将各具风格和研究专长的教师组建起来突破重点任务。这样的“1+N”设置好比汽车的减震装置，让学校具有弹性、韧性，既可因势而变，也能守正创新。

正是行远设置了科学的系统化架构、五部制融通和减震型设置，才驱动着团队的内涵式生长和高效能运转。

二、技术赋能：“五创”原则，培育学校新样态

飞速发展的科技正在从方方面面改变我们的生活。在这个线上线下万物互联的时代，如何挖掘新技术的巨大潜能来给我们的教育教学赋能？

我们的答案是“技术+创”。“技术+创”是学校自主研发的校本课程，以“技

术”为依托，以“创”为旨归，以“问题解决”为抓手，以“项目驱动”为策略，以“版块式活动”为路径，培养师生的创新思维能力，提升师生的信息素养。

“技术+创”的内核是“创想”“创见”“创能”“创作”“创汇”的“五创”原则（图7.3）。我们期待学生不再拘泥于书本知识，期待其思维在丰富的学习内容中、开放的学习场域中、自主的学习方式中、多维的评价引导中悄然成长。我们期待教师不断突破舒适区、走进学习区、敢闯潜能区，努力成为与时俱进的智慧型教师。

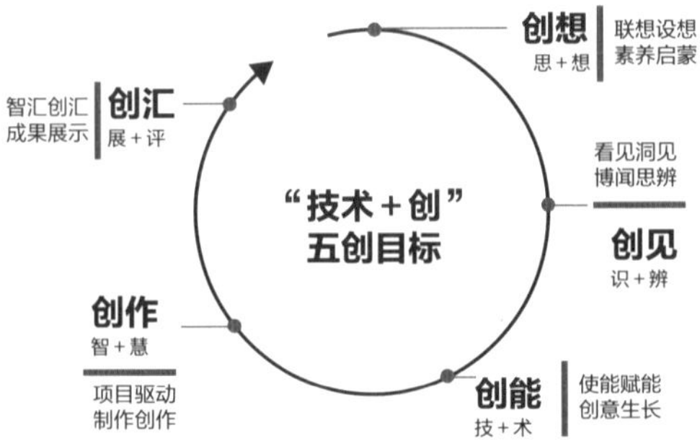

图7.3　“五创”原则

“技术+创”，预见未来。我们不断创生新场景、新工具和新方法，将“五创”原则融于日常，成为我们回应未来需求的思维方式和工作方式。

（一）创想：家校社三空间融合，升维供给质量

在信息化已然渗透到社会方方面面的今天，无论是育人方式变革还是育人质量的提升，都不单单是仅靠学校教育能完成的，构建高质量的基础教育亟待“健全家校社协同育人机制”。于是，我们提出“家校社三空间融合的智慧学校建设”，让其成为龙头课题来统领全校的一切工作，期待在新技术加持下，学校真正开门办学，重塑围墙边界，形成共进、共建的良性循环。

（二）创见：“1+N+1”的三段式课程设置，升值课后服务

“双减”重磅落地后，学校研发“1+N+1”的三段式课程设置，让学生学有所乐、学足学好。“1+N+1”的三段式模式，即1项作业辅导、N类社团课程和1门主题融合课，实现学科学习、特长培养、增长见识的有机结合，助推提质增效

的有效落地。

（三）创能：发行虚拟校园货币，升格综合评价

怎样的奖项才是孩子们感兴趣的？怎样的激励引导才能对焦核心素养的培育？……这些问题的答案就是能够关照到学习生活过程的多维评价。我们成立校园银行，想方设法让校园币在校园内流通，促成师生灵动的校园生活，并借助智慧平台和数据反馈，联动家长，融通综合测评，形成成长档案。

（四）创作：营建课程空间，升华育人氛围

教育即影响，育人的环境氛围非常重要。我们把楼梯间、廊道、转角处都利用起来，建成了课程空间，将所有的课程资源、素材、设备、教具等都开放出来。我们还取消计算机教室，设置非正式学习区，在普通教室和廊道都摆放着时时联网的电脑，便于学生开展基于问题解决的自主探索。课间，孩子们被粘在这些空间，自学智学，自在惬意。

（五）创汇：研发数据大脑，升级学校治理

我们研发定制化的“行远钉”。教师们的学习与工作，都可以通过精进打卡、工作日志、家访记录等实现伴随记载……各部门有目标，有总结，从多个维度进行引导和考核，切实推动学校数字化转型。其实，实现这些并不需要高大上的设备，也不靠高精尖的技术，而是依靠人的智慧，千方百计地把现有资源盘活，把技术平台玩转。

创想、创见、创能、创作、创汇——技术赋能的“五创”原则，既是新思维，也是新工具；不但能创生若干的新场景，更能萌生更多的新样态。

三、双轨建设：“五智”行动，形成智慧新循环

首先，怎样理解“双轨建设”？疫情影响下的这两年里，教育技术突飞猛进。无论我们是否愿意，都必须面对层出不穷的新问题。“双轨建设”就是要掌稳学校发展的基本盘，主动拥抱变化，推行“云端+实体”共建、“线上+线下”共融的双轨路径，推动学校的转段升级，动态迎接一切挑战。

其次，如何理解“五智”行动？如图7.4所示，“五智”行动即以促进学生智

学为“目的”，以促进教师智研、家长智陪为“抓手”，以学校智理为技术“支撑”，以社会智联为“辅助”，形成智学、智研、智陪、智理、智联的有效循环，促进学校高效能运转和内涵式生长。

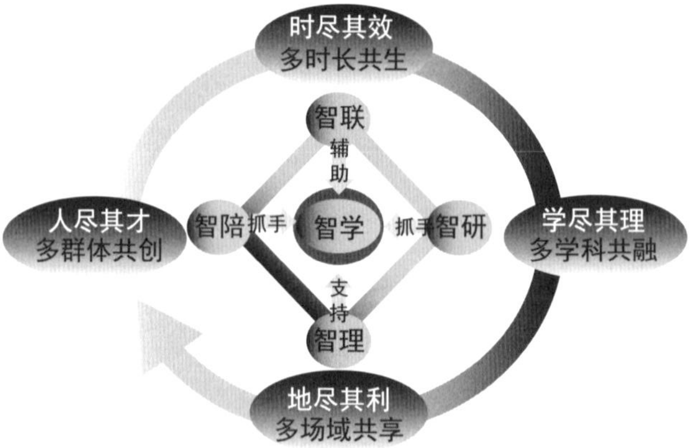

图7.4 “五智”行动

为什么要提出“五智”行动？这是因为智慧教育归根结底是人的智慧。“五智行动”正是聚焦学生、教师、家长这三类核心人群，回归人的成长，切实回应家校社三空间融合的方法论，是努力探索多时长共生、多学科共融、多群体共创、多场域共享的开放教育实践，推动着学校的整体范式变革。

四、解构与重组：“五种”课型，探寻学习新范式

未来掌握在今天的学生们的手中。可是如果我们仅仅用过去的经验教今天的学生，还希望他们能适应未来，无疑是痴人说梦。这就要求我们跨入课堂的深水区，变革现有的学习范式；深入课堂这一复杂系统，进行元素重组的结构性变革。

要想进行元素重组，首先要了解课堂中有哪些元素。时空是元素，师生是元素，技术、教材、资源、学情等都是元素。因此，挖掘新技术、新平台的巨大潜能，通过时空延展、角色重塑、内容重构等，把传统课堂中已经固化了的东西解构、重组和更新，让其中的每个元素在环境变量中自适应，从而让每个元素都发挥价值、产生功效。

基于此，我们提出“多课型混搭”的模式，即根据不同的课程内容、学习基

础和学科特征，选择不同的课型。目前，学校正在探索五种课型（图7.5）：单班创生课、室外探究课、开合班组课、网络直播课和双线双师课。多课型混搭，既是课堂变革的新路径，也是探索国家课程校本化实施的新策略，这主要通过“弹性作息时间表”和“周总课表”两张表单切实落地。

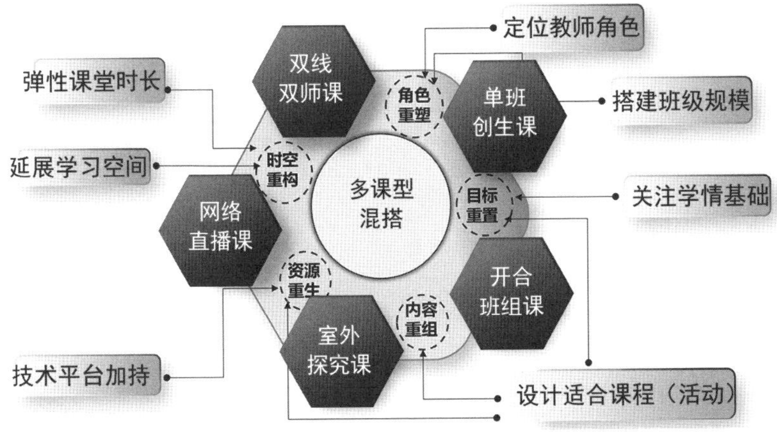

图7.5　五种课型要素重构图

综上所述，“五部”融通、“五创”原则、“五智”行动、五种课型，不仅是学校依靠人的智慧“造船出海”来动态迎接一切挑战的新思考和新探索，也是学校顺应情势、通过技术突围创生出的一整套方法论和新逻辑。

“技术+创”课程系统升维的新路径

课堂改革进入深水区，为培养全面发展的未来型小公民，行远小学通过技术与创新，形成多课型混搭的新格局，切实改变了教与学的方式。多种课型混搭是基于信息技术平台的依托，依靠人的智慧运用而形成的。因此，提升全员的信息素养是多课型混搭新格局的原动力。

如何提升全员的信息素养？答案是“技术+创”课程系统升维。这与《义务教育课程方案和课程标准（2022年版）》所倡导的课程一体化设计理念不谋而合。通过对学习空间、顶层设计、学习方式、评价模式和教师发展等进行多重升维，设计“技术+创”系列校本课程，促进课程内容结构化，全面提升课程系统性，能够有效提升全员的信息素养。

一、直面核心痛点

“传统的‘在机房里学习’的信息技术课，还能适应学生的成长需求吗?”

行远小学在建校初期，就以智慧教育为规划重点。打好学生的信息素养基础，是智慧教育的重要目标。但以往的信息技术课，存在教材陈旧、脱离现实等问题，导致学生很难灵活运用所学的知识，更难为“数字化生存”做准备。

为改变这种状况，我们把电脑搬出“机房”，把学习搬出“教室”。

不断地创新构想，进行顶层设计、学习空间、学习方式、评价模式、教师发展等一系列的信息技术课程系统升维。

二、学习空间升维："随时随地"学习

行远小学有一个特别的现象：课表里看不到信息技术课，学校也没有专门的计算机教室。学校在哪里培养学生的信息素养呢？答案是无处不在。

课间，学生会结伴来到廊道里的"智学自学区"。在这十几个平方米的区域里，有儿童读物、棋类游戏、舒适小沙发，还有一台台电脑。孩子们可以做自己喜欢的事，还可以完成"技术+创"课程发布的闯关小任务。

每层楼都有多处这样的"智学自学区"（如图7.6）。"智学自学区"集图书室、机房于一体，作为"非正式学习区"，极大地拓展了孩子的学习场域，实现了空间领域的共享、交互、共创。

图7.6　智学自学区

行远小学的教室也有很多与众不同的地方。教室可以随时根据授课需要进行灵活布局，还设有专门的"电脑学习区"，即每个教室都配备4台电脑。孩子们课后可以在电脑上查阅资料、练习使用等，满足了随时、随地的学习需求。

行远小学给学生营造的“泛在学习”空间远不止于此。学校的“AI体验馆”对所有的学生全天候开放。只需一枚“行远币”，学生就可以近距离与机器人互动。

除此之外，学校还把学习空间延展到了校园外。行远小学地处重庆市两江新区，为发挥区域资源优势，在“技术+创”课程中，学校专门设计在礼嘉智慧公园开展研学活动，让学生能够实景体验、真实学习。

行远小学一直有打破学习空间界限的理念。不再把计算机“关”在一间屋子里面，而是分散到教室和走廊，实现智能设备和空间的整合链接，全天候开放，让学习更自主。

三、顶层设计升维：“技术+创”，遇见未来

实现随时随地学习，只是智慧教育的一小步。行远小学始终立足于学生终身发展，围绕“智慧教育”进行了系统的顶层建构。

融合智慧教育理念和课后综合实践活动，行远小学自主研发校本课程，定名为“技术+创”课程。这一课程确立了“‘技术+创’，遇见未来”的理念，以“技术”为依托，以“创”为旨归，以“问题解决”为抓手，以“项目驱动”为策略，以“版块式活动”为路径，直指学生创新意识、创新思维、创新能力的培养，实现养塑人、发展人、成就人的核心旨归，是与必然来临的教育未来的智慧对接。

“技术+创”的内核是“创想”“创见”“创能”“创作”“创汇”五创目标。(图7.3)

课程编写围绕“智从生活来，慧到生活去”的理念，以“融入学校文化、融贯网络资源、融进校园生活、融通素质评价”为原则，从目标和内容两个维度横纵搭建，形成五个单元的主题内容：网络素养、人工智能、信息技术、智慧公园、乐评嘉年华。

五个单元从每个年级学生的认知水平入手，以情境感悟体验为主，采用板块式设计、项目式开展，侧重技术技能在问题解决中的创新运用，培养学生面向未来的素养与能力。

“技术+创”课程的五大单元主题见表7.1。

表7.1　“技术+创”课程的五大单元主题

主题	内容
网络素养	文化普及+迁移应用：围绕网络意识的启蒙，了解网络文化、掌握基本技能，培养网络素养。
信息技术	技能练习+问题解决：设置项目挑战活动，运用技术解决实际问题，提升信息技术综合能力。
人工智能	智能启蒙+编程设计：感知人工智能，体验人工智能在生活中的应用，学习编程技能进行实践创新，培养创新创造思维。
智慧公园	室外体验+问题探究：发挥区域的资源优势，组织学生进行研学活动，以问题为驱动，在实景中引导学生探究。
乐评嘉年华	交流展示+成长评价：为学生提供平台和机会，呈现阶段学习成果，以智评、乐评的方式让学生体会学习成长的收获和快乐。

将五创原则融于日常，培养师生的创新思维能力，提升师生的信息素养能力。

四、学习方式升维：双线双师教学+自学习

优秀的信息技术教师稀缺，是阻碍学生信息素养全面提升的又一现实困境。行远小学改变传统的学习模式，找到了一条破局之路。

利用网络，行远小学开发了双线双师课，即线上教师面向多个班级教学，线下教师辅助指导。每两周会在主题融合课里上一次“技术+创”课里的内容。线上教师在大屏幕上进行统一讲解、演示，线下教师在教室里进行个别辅导。

这种教学方式，实现了优秀教师的共享。双线双师课虽然成功，但毕竟课时有限，只能优先开展难度系数高的课，而把其他课放到“社团课”里完成。

行远小学每个年级都有一个“技术+创”社团，每周上两次“社团课”。其师资来自数学教师、音乐教师、语文教师。作为新时代的年轻人，教师们本身就是技术达人，特别是经过集体教研后，驾驭这门课完全没有问题。

不光要考虑教学内容，关键还要看学生的运用能力。只有灵活运用，才能实现“数字化生存”。行远小学采用“无边界学习+自学习”的方式，将各处的智能设备充分利用起来。每周分年级发布不同的“智慧小锦囊”，提供自学脚手架，

让学生完成自学小任务，比如一年级的“认识电脑家族”、三年级的“中秋童谣来创作”等。

“智慧小锦囊”一开始其实是用于培养教师的信息技术能力，让教师主动学习探索，后来尝试着将其迁移到学生的学习中，取得了意想不到的效果，就一直延续至今。

五、评价模式升维：三种挑战性评价

学习效果应当如何检验？行远小学以“减轻作业量，以能力应用为评价目标”作为基本原则，将“技术+创”课程的评价划分为三种方式。

首先是“过程性+挑战性”评价。通过“智慧小锦囊”挑战，把评价融入校园日常中。“智慧小锦囊”一周发布一个任务，每周五有一个“闯关”活动，要求学生们在智学自学区来完成“闯关”。“闯关”后，学生的评价数据就会上传到云端，记录到行远小学学生综合评价系统“行远银行”里。同时，学校还会评选出“智学班级”“智学家庭”“智学小达人”“智创小达人”“技术小达人”等荣誉称号，进一步激发学生们的学习热情。

其次是“融合式+挑战性”评价。到了期末，学校有一次综合的测评活动。这一测评打破学科边界，将信息技术和语文、数学的测评合为一体，以富有挑战性的游戏形式，共同组成了一场“乐评嘉年华”。

最后是“展示性+挑战性”评价。改革后的“技术+创”课程到底怎么样？为了确定学生的整体素养是否真正得到了提升，学校搭建了各种学生展示平台，举办制作校园MV、设计PPT等比赛，从而评估学生的水平，发掘学生的潜能，掀起全体学生应用信息技术的热潮。

六、教师发展升维：人人都是信息技术教师

除了实现学生成长的目标，“技术+创”课程的实施，还带来了一个始料未及的效果。

行远小学曾经借助Classin软件，打破时空的限制，让重庆、上海、广州三地的孩子们走进了同一间“教室”，开启一堂特别的“技术+创”课程。

课堂上风趣幽默、激情飞扬的授课“主播”教师是行远小学的音乐教师。为了教孩子们线上学会剪辑视频，他以“我为家乡代言”为主题，融入了图片、视频、美食、音乐等多重要素，实现了“技术+音乐+艺术”的多属性、跨学科的融合。为了激发线上孩子们的学习热情，他通过线上互动游戏、刷弹幕、盲盒抽奖等，营造了生动有趣的课堂氛围。教师不必抵达上海、广州，也不必提前接触所有的线上学生，仅仅通过这节课，就能让不同地区的师生成为学习共同体。同时，这样的课程也促使教师去钻研各种教学技术，成为“技术达人”。

行远小学倡导人人都是信息技术教师，鼓励大家钻研设备技术，琢磨平台软件，在玩转用活上下功夫，成为智慧型教师。

行远小学从一年级就开设“技术+创”课程，要求授课团队要在国家规定教材的基础上将教学内容进行重组。这不仅拓宽了教师的知识领域，也激发了教师群体的创造力。通过“技术+创”课程，行远小学培养了更多的信息技术能手，以点带面提升了教师队伍的信息素养能力。

在互联网时代，教育系统发生着一系列变革，教学模式的更新与教学方法的改变，正影响着教师与学生的发展。行远小学借助“技术+创”这一课程，不仅推动了教师群体不断向上发展，也促进了学生群体积极探索。

双线研修，让教师步入成长轨道的新范式

多课型混搭想要走得稳、行得远，归根到底还得提升教师的研修水平。增强教师的研修能力是多课型混搭的原动力。

培训是提升教师研修能力的重要途径之一。传统的培训有五个“典型的忽略”：忽略合作研讨，忽略实践体验，忽略学情现实，忽略学校差异，忽略区域背景，以至于“黄鳝泥鳅拉成一样长”。如何走出传统研训的困境，让教师步入成长的新轨道？我们的策略是通过双线研修，即“线上线下融合式研修”，形成研修的成长新范式。

一、讲座论坛：听了，懂了，如何落地？

如今，教师经常参加各种讲座论坛。这些讲座论坛大多固定了流程和版块，尽管根据不同的培训主题会调整内容、师资，但教师一讲到底、一讲就是半天的培训依然是常态。三四个小时的报告讲座，可能只有十几分钟是有收获的；三五天的课程安排，可能只有一两个报告、一两处参观能够给教师留下印象、带来启迪。显然，这种培训理论多于实践操作，关注学情不足，教学形式单一，课程资源匮乏，不能调动学员主动参与，没有形成互动研讨的学习氛围。这种听记式培训，表面上看是听了、懂了，但是实际上单位时间的效能是低下的，所发挥的价值是有限的。

那么，听了、懂了，回校之后如何知行合一？双线微论坛是一个好办法，能够及时发布问题和任务，联结集体智慧。

每周一是我们学校的“政治学习”时间，主要是教师聚在一起众筹解决方

案。2020年5月复课之际，防疫常态化成了前所未有的挑战。面对几十页的指南方案和操作规程，怎样才能让大家内化于心、外化于行？我们策划了一场“疫期复学，是挑战，更是责任”的双线微论坛。主持人先简述意义和任务，在群里接连抛出4个核心问题，之后大家通过20分钟自学解决，教师们及时回复，对话框的互动答案接二连三蹦出……这60分钟的培训，不同于枯燥说教式的工作布置，不仅有线下面对面的强调说明，更有在线上云端教室的互动，每个人都主动参与其中。

此外，2020年的“行远日”也运用了“微论坛”模式进行开展。我们设置了“观摩—研讨—改进”环节，提前在群里布置了小任务：“找到2个可以优化的细节，说出2个值得发扬的创意，写下2句体会与感受”。在任务的驱动下，教师们迅速投入课例探讨、课程展示和师生论坛的观摩研讨当中，并在下班前提交了研修作业，每份作业都对优化活动产生了价值。

这是一种线上线下的融合态研修。在线下会议室这个物理空间，教师们面对面交流碰撞；在云端的虚拟空间，教师们隔屏互动共享，这其实是信息的双轨交互、多维增长，让教师们及时行动、智慧迸发，促使研修可视化。

双线主题式研修也适合各种教育论坛的学习，如第七届中国创新年会。这场会议长达28天，为了高效学习，我们设置了“研修月”，拟出包括主题、时间、项目负责人、建议等研修安排，让教师自选主题，项目负责人再组班，通过“线上+线下，集中+分散”的方式开展学习。在观摩“一班一世界”主题峰会时，研修项目负责人发现“班级货币”这个分享很有借鉴意义，正值学校改革的瓶颈之时，便将研修成员扩大到全校教职工，开展了一场“如何盘活行远币，纵深推进学生智评？”的主题式研修。流程如下：

一、实事导入，引发关注【2分钟】

问题1：行远币在使用的时候存在哪些问题？为什么没能流通起来？

问题2：如何结合学科、班级、活动盘活行远币？

二、案例观摩，激发思考【30分钟】

三、观看视频回放：方海东《我用“班级货币”撬动了一群初中生的进步潜力》

四、分组讨论，思维碰撞【20分钟】

Classin教学平台自动分组，默认排名在第一的教师作为研讨组组长，到指定场地开展研讨。

五、集思广益，迁移应用【10分钟】

各小组针对研讨结果进行汇报分享，每组2分钟。

这种主题式研修因为组团灵活、聚焦真实、优化资源，高效地解决了问题。

二、听评赛课：上了，记了，如何智创？

什么样的听评赛课才能让学习真实发生？这里以“修远杯”为例。2020年的“修远杯”不仅有教学竞赛，还有对整体课程的把握以及针对智慧课堂进行的教研活动。

（一）以教研组为单位参赛，智慧众筹

我们采取1+N的备课模式：1名教师先行备课，N名教师集体研讨。主备教师说设计、谈困惑，组内成员同讨论、抓核心问题，最后敲定课型，根据每个人的优势特长进行分工。

探寻成长轨迹，跳出定势，延展迁移。“修远杯”有三部曲：课前有导课环节，导目的、导设计、导创意，让观课教师明确方向，心中有数；课中聚焦学习的真实发生，每位教师需听课N+1节，即N节本学科课例，1节跨学科课例；课后有进阶思考清单，引导教师关注学情，关注教材解读，重塑师生关系，重构组织形式。“修远杯”三部曲照顾了先导课程设计，复盘了课程迁移，让教学竞赛成为人人参与、成就人人的孵化器。表7.2为行远小学OMO智课堂“听评课”进阶思考清单。

表7.2 行远小学OMO智课堂“听评课”进阶思考清单

课程主题			
研讨团队		记录人	
听评课先导			
过程追问	重新解读教材	如何贯彻“世界是学生的教材”理念?	
	学习场景多元	如何突破时空限制?思考有哪些学习场景可以带给学生?	
	重新认识学生	如何认识未来型学生目前所具备的认知能力和素养能力?	
	重构组织形式	如何改变单一的教学组织形式，丰富教学组织形式?	
	重塑师生关系	如何跳出“讲即是教，听即是学，考即是评”的畸形怪圈?	
	玩转用活平台	运用了哪些信息技术平台?如何利用信息技术和平台创新教学设计?	
	整合延展资源	运用了哪些现代化资源技术?是否延展教育教学资源的时空边界?	
学习效能评估	学习是否真实发生?学生思维是否有效生长?		
评课指导			
迁移思考			

（二）课型混搭，切实变革教与学的方式

“修远杯”的教研组打破常规，呈现出了5种课型，即室外探究课、单班创生课、网络直播课、双线双师课、开合班组课。多课型混搭如何落实？每周各学科负责人都会召集教师们进行一次集体备课，从主题、内容、目标、课型几方面落地，根据课程目标以及教学内容选择适合的课型，从而实现教学效益最大化、资源利用最优化。集体备课结束后，负责人将备课成果汇总成全校的周总课表，促使多课型混搭在学校不仅落地，还能生根、发芽。

三、教师课程：培了，训了，如何修远？

行远小学聚焦学校的学生、教师、家长三类核心人群，研发实施了三类课程，即学生砺行课程、教师修远课程、家长共进课程。我们期望人的成长影响人的成长，形成共进的良性循环，三驾课程马车驱动着学校的内涵发展。

以教师修远课程为例。教师修远课程从“修德行、健体魄、养身心、强专

业、慧生活、善合作、敢创造”七个维度入手，激励教师努力做终身学习型教师。对于教师来说，这不仅是为了成就孩子，也是为了成为更好的自己。此外，课程还通过建立公约来规范和引领教师的工作行为。目前，我们已经拟定教师修远公约“我们的研讨会”“我们的研课磨课”“我们的主题式教研”“我们的在线协同办公”等十几种公约，统整教师的行为。图7.7为部分公约截图。

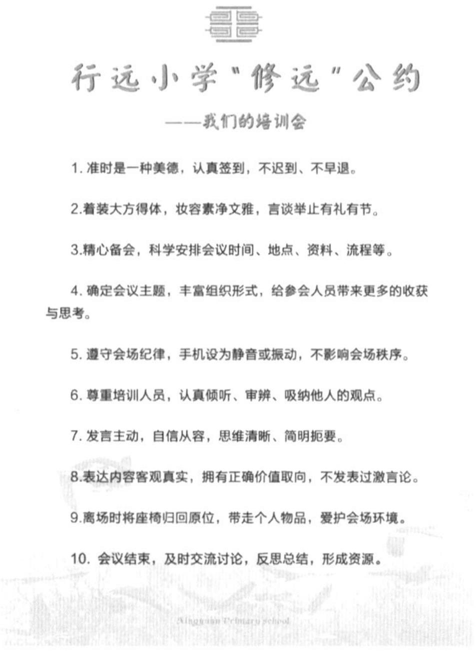
行远小学"修远"公约

——我们的培训会

1. 准时是一种美德，认真签到，不迟到、不早退。

2.着装大方得体，妆容素净文雅，言谈举止有礼有节。

3.精心备会，科学安排会议时间、地点、资料、流程等。

4. 确定会议主题，丰富组织形式，给参会人员带来更多的收获与思考。

5. 遵守会场纪律，手机设为静音或振动，不影响会场秩序。

6. 尊重培训人员，认真倾听、审辨、吸纳他人的观点。

7. 发言主动，自信从容，思维清晰、简明扼要。

8.表达内容客观真实，拥有正确价值取向，不发表过激言论。

9.离场时将座椅归回原位，带走个人物品，爱护会场环境。

10. 会议结束，及时交流讨论，反思总结，形成资源。

图7.7　修远公约部分展示

让教师步入成长的新轨道，不仅求快，还要求稳。这种“快”绝不是急功近利，更非拔苗助长，而是动用系统的力量，使得团队在实践与认识中得到高效、长久的自我提升。“世上没有不可认识之物，只有尚未认识之物”，教育技术的浪潮使得行动学习深入到更多的场景之中，上文提到的讲座论坛、听评赛课以及教师课程只是其中的三个案例。行动学习本身的魅力之一就在于通过不断地实践与体验，去扩展和延伸更多的学习场景。只有教师在成长中培养起行动学习的自主性与习惯性，学会在一个个具体场景中化解困境，多课型混搭的探索才有可能实现高效。对于行远小学而言，智慧教育不仅是行动学习的助推剂，更是我们通过行动学习这一过程想要收获的核心目标。任重而道远，教育需要继续坚持实践出真知的方法论。

党建引领下思政课程的新设计

党的十八大提出“立德树人”是教育的根本任务，党的十九大要求教育“落实立德树人根本任务”。这是党中央在新时代对教育根本任务的新概括，是对学校教育的新要求。学校里，思政课是落实立德树人根本任务的关键课程。要教给学生正确的思想，引导学生走正路，思政课的作用不可替代。然而，很多学校开设思政课都面临着一些困境：没有专职的思政教师，很多是语文教师兼职，师资比较单一；课堂内容只有《道德与法治》这种书本知识，知识比较片面；课堂形式仅依托每周的升旗仪式讲话，形式比较局限，无法把思政课堂同社会大课堂结合起来。行远小学经过三年的探索，利用多课型混搭助力思政课程，让思政课在党建引领下得到设计，很好地解决了内容、师资和形式上的问题：课程资源结合党史、学校资源以及学生的生活实际；思政教师有党员教师、班主任教师、德育处教师和专职思政教师；课程开展有全校集会课程、网络直播课、OMO线上线下课程和单班课程。党建引领下思政课程的新设计更系统、更合理、更灵动，不断增强了思政课的思想性、趣味性和实践性，是学校开展多课型混搭的新设计。

一、三类课程，融合创新学党史

课程是学校的基础，从课程中生长出的课堂能让党史学习教育有脉络、有枝丫地繁茂扩张。通过微党课、主题融合课和班队会三类党史课程，学生通过不同的角度更加立体多元地了解党的历史，从党史学习教育中汲取养分，厚植爱国主义情怀，激发担当之心，砥砺顽强之志，接好时代“接力棒”，做社会主义优秀接班人。

（一）微党课，党的历史知多少

每周的升旗仪式是德育的主阵地。从本学期的开学典礼开始，党员讲述一节微党课是必修课程。这一课程依循小学生的身心发展规律，从中国共产党波澜壮阔的历史进程中精选出“X个典型人物”和“Y个典型事件”，以具体的人物和事件为载体，纵横勾连讲解，描绘历史全貌（表7.3）。党员们用生动、深入的内容，让学生听懂党史故事，深刻体悟没有共产党就没有新中国，感受如今幸福生活的来之不易。

表7.3 “党的光辉照我心”系列微党课

时间	主题	课程目标
开学典礼	永远跟党走，奔腾新时代	1.了解"三牛"精神的内容。 2.学习老黄牛刻苦勤奋的精神。
第一周	穿越党史100年（先导）	1.通过先导课程，拉开全校师生党史学习教育的序幕。 2.回顾党的历史上6个精彩瞬间，让孩子们明白没有共产党就没有新中国。
第二周	1922：红船	1.了解红船的来历、精神，引导孩子从小立志向、筑梦想。 2.激发孩子爱党爱国的热情，增强少先队员红领巾心向党的使命感。
第三周	1927：南昌起义	1.了解南昌起义的起因、经过、结果。 2.知道建军节的由来。 3.培养孩子们敢于斗争的英雄气概和百折不挠的坚强意志。
第四周	1934—1936：长征	1.了解长征的基本情况（出发的时间、地点、部队、路线、胜利会师地）。 2.通过长征故事体会并学习吃苦耐劳、百折不挠、智慧的长征精神。
第五周	1935：遵义会议	1.了解遵义会议的基本情况（时间、地点、人物、主要内容）及其伟大的历史意义。 2.体会实事求是、独立自主、坚定信念、民主团结、务求必胜的遵义会议精神。
第六周	1936：西安事变	1.了解西安事变发生的起因、经过、结果。 2.激发孩子对中国共产党的热爱之情。

续表

时间	主题	课程目标
第七周	1937：卢沟桥事变	1. 了解卢沟桥事变的时间、地点、原因。 2. 让孩子们铭记历史，勿忘国耻，激发他们的爱国情怀。
第八周	1945：抗日战争胜利	1. 了解抗日战争爆发的原因、开始时间及结束时间。 2. 让孩子们铭记历史，勿忘国耻，激发学生的爱国情怀。
第九周	1946：中国人民解放战争开始	1. 了解人民解放战争爆发的原因、经过、结果。 2. 感悟革命先烈们的献身精神，懂得珍惜和平岁月。
第十周	1949：开国大典	1. 了解国旗的诞生以及狱中绣红旗的故事。 2. 致敬五星红旗，培养孩子们的民族自豪感。

在“开国大典”这一期课程中，党员教师以“新生的共和国，站起来的人民”为题，从“第一面五星红旗是如何诞生的”展开讲解。她运用优质的视频资源，配以生动的话语描述，将开国大典这一历史性时刻牢牢印在孩子们的心上，从而让他们学会致敬国旗，增强他们的民族自豪感，培养爱国主义精神。在学校第三届亲子体育节开幕式上，校长给师生、家长讲了一堂特别的微党课——经风雨，见世面，到大风大浪中去。校长以毛泽东、周恩来等国家领导人热爱体育、重视体育的事迹，让大家明白体育精神是不怕累不服输、不怕苦不怕疼、竭尽全力、永不放弃，坚忍勇毅、顽强战斗的一种精神，体育的强大是国家综合实力强大的体现。党史学习教育通过“微党课”的形式渗透进学校的方方面面，传递到学生家庭的每一个人。

（二）主题融合课，跨越时空悟今朝

主题融合课是行远小学自主研发的校本课程。该课程依托学校智慧教育探索，以德育为内核，以主题式学习的方式开展，将党史学习教育、队前教育、爱国教育融通其中，同时运用“OMO行远智课堂”实现资源延展、辐射家庭、互学共启，让孩子听得懂、学得深、悟得透。

某年4月，行远小学以“听爷爷讲故事”为主题，从“过去中国是什么样的”“脱贫攻坚背后有哪些故事”“我的家乡发生了怎样的变化”“现在我可以做什么”4个维度，开展了4期主题课，用孩子听得懂的话讲述“脱贫攻坚”。通过

交互式学习、自主性探究，激发孩子的学习内驱力。期间，孩子们运用平板电脑搜索到过去中国贫穷落后的面貌，了解感动中国人物张桂梅、毛相林等人的事迹，为家乡推荐特产，自制“我为家乡代言”小视频，以此感受建党百年的艰辛历程，讴歌脱贫攻坚取得的伟大胜利。

某年5月，行远小学针对一年级学生开展了队前教育，以“少先队，我们来了”为主题，从“了解少先队的历史”“认识队旗、队徽”“学习如何系红领巾和敬队礼”到“如何学先锋榜样成为一名少先队员”4期课程，让一年级的孩子感受到加入少年先锋队是光荣的，激发了他们加入少年先锋队组织的愿望，从小树立听党话、感党恩、跟党走的自觉和意识。

除此之外，学校还充分利用隐性师资力量，激发学校、家庭、社区三空间群体的主观能动性，让每个教育角色共融共创，营造积极的党史学习教育氛围。学校利用线上教学平台，邀请党员志愿者进课堂，比如退伍军人爷爷回顾抗美援朝战争、基层党员干部讲述脱贫攻坚的亲身经历、家长志愿者分享“5·12”抗震救灾事迹……突破时空界限，为孩子们带来一堂堂别开生面的党史学习教育主题融合课（表7.4）。

表7.4　行远小学2020—2021学年下期主题融合课安排表（节选）

时间	主题	板块	目标	课时	融合学科
4月	脱贫攻坚	听爷爷讲故事	了解中国过去贫穷的社会生活状态	1	语文
			了解脱贫攻坚典型人物、奋斗事迹，感知中国人民艰苦奋斗的精神	2	道德与法治
			树立艰苦奋斗的意识，学会管理自己，帮助他人	1	
		研学体验	实地感知，追寻攻坚力量，将艰苦奋斗、苦干实干的脱贫攻坚精神根植于心	1天	
		分享我的故事	分享学习中的收获和成长故事	2	艺体+语文
5月	队前教育	少先队历史	1. 知道我们的队名 2. 了解少先队的创建历史 3. 认识队旗、队微 4. 知道少先队的作风	1	

续表

时间	主题	板块	目标	课时	融合学科
5月	队前教育	少先队标志	1. 知道红领巾是少先队的标志 2. 会系红领巾	1	
		少先队队歌	1. 了解少先队队歌的创作背景 2. 理解队歌歌词 3. 会唱少先队队歌	1	音乐
		少先队入队	1. 了解少先队入队仪式历史、意义 2. 熟悉少先队入队流程 3. 会敬队礼、呼号，背入队誓词	1	
		少先队成长	1. 了解学校少先队组织 2. 学习少先队榜样 3. 努力成为少先队员	1	
6月	心有所信，方能行远	站起来，建国创业	1. 了解建国之前中国的社会样态 2. 学习建国创业阶段共产党典型人物事迹。感悟他们的信念	2	美术，语文
		富起来，改革开放	1. 了解新中国成立后的奋斗史 2. 学习改革开放前后的重要事迹	2	音乐
		强起来，伟大复兴	1. 了解2008年至今民族的伟大复兴举措 2. 学习伟大复兴进程中的感人事迹	2	
		中国梦，行选梦	1. 时代变迁对比来感悟祖国的强大 2. 用行动献礼建党100周年	2	

（三）班队课，时代先锋树榜样

“童心向党”班队课是对“微党课”和“主体融合课”的补充。班队课面向未来，与时代接轨，关注国家大事，通过讲革命先辈、时代楷模、英雄模范的人生故事，教育引导孩子听党话、感党恩、跟党走，发扬红色传统、传承红色基因。

5月23日的班队课上，三年级一班的同学在听完袁隆平爷爷的故事后默默地掉下了眼泪。有学生说：“袁隆平爷爷让我们不再饿肚子，我之前还把吃不完的米饭倒掉，感到对不起袁隆平爷爷。”他为袁隆平爷爷的离开感到痛心，这就是传承的意义。通过班队课讲人物故事，让孩子们传承红色基因，激发孩子们将爱党爱国的情感转化为实际行动，从身边的点滴小事中践行初心使命。

党史是最好的教科书。通过三类党史课程，跨越古今，穿越百年党史，既让孩子听得懂、学得深，更让全校沉浸在党史学习教育的浓浓氛围中，让少年儿童生活的处处、面对的人人、经历的事事都闪烁着党史的光辉，让党史学习教育拥有扎根的土壤，滋养着少年儿童的成长。

二、三项活动，实践感悟促成长

学党史，需要身体力行。在党的思想引领下，以活动为养料，去滋养丰满红色基因脉络，于实践中感悟初心使命。

（一）“经典阅读”筑根基

学校面向全校学生开展“阅读红色经典，争做强国少年”主题阅读活动，通过阅读党史、英雄故事、科技兴国史等系列红色经典读物，让孩子们了解我们国家走向复兴的伟大历程和祖国儿女英勇奋斗的光辉事迹，在鲜活的历史和熠熠生辉的英雄故事中，读懂爱国主义情怀、民族精神气质，虚心学习先辈人物和榜样人物美好可贵的情感品质，追求真挚的理想信念，筑牢红色基因根基（图7.8）。

图7.8　“阅读红色经典，争做强国少年”活动现场

（二）“知识问答”悟思想

温故而知新。在每周党史课程的基础上，学校运用“红领巾”广播站，开设党史知识问答专栏，以校园虚拟货币激发孩子学党史的热情，从而形成“你追我赶”的学习氛围，让孩子们在丰富有趣的竞赛氛围中加深对党的了解，丰富党史知识储备，形成浓厚的学党史氛围（图7.9）。

图7.9 “党史知识问答”快问快答

（三）“红色研学”感初心

学校组织学生踏上“童心向党·追寻攻坚力量”的红色研学之旅。孩子们背上行囊，来到红色研学基地，重走长征路，追寻红色记忆，体验不怕艰险、紧密团结的长征精神。听故事、话感悟，在行走的课堂中了解当地脱贫史，通过实地体验、现场采访、劳动实践等形式，艰苦奋斗、苦干实干的脱贫攻坚精神已经根植于孩子们的心中（图7.10）。

图7.10 “童心向党·追寻攻坚力量”研学实况

党史是最好的营养剂。三项活动，让孩子们于实践体验中增强了爱党爱国的情感，从中汲取新的智慧和力量。

三、三场展演，童心向党庆华诞

（一）学长榜样微分享，党的故事我来讲

借助学校榜样课程，发挥“学长榜样”的示范引领作用，在全校开展“微分享”活动，用儿童的话讲述对党的真挚情感。孩子们能听到每周五的“小绿萝广播站”讲“小萝卜头”、江姐、董存瑞等英雄的故事，从而有所感悟。有孩子分享道：“今天的幸福生活来之不易，是先烈们用鲜血和生命换来的，我们一定要传承革命先烈的遗志，做有信仰、有志气的新时代好少年！”

（二）书法绘画作品展，爱党爱国手中扬

多学科共融，共同构建校园党史学习教育氛围。为献礼建党100周年，学校组织全校师生共同开展书法、绘画作品展，用手中的画笔描绘对中国共产党的美

好祝愿，深化对党的情感，张扬对党的爱戴。

（三）党史百年情景剧，坚定信念担使命

组织师生共同创编大型“心有所信，方能行远”情景剧，献礼建党100周年（图7.11）。以学校已经形成的“微党课”学习为背景，通过音、诗、画的方式情景演绎一所普通小学如何带领学生“穿越”百年党史，从而将在党的领导下从“站起来”“富起来”到“强起来”的历史进程清晰呈现。情景剧以具体的人物和事件为载体，生动描绘历史，鲜活展示党的信念，并面向全校师生、家长进行展演，用喜闻乐见的形式让师生、家长深刻理解如今幸福生活的来之不易，激发家校社三空间对党和国家的热爱之情。

图7.11　“心有所信，方能行远”节目展演

形式多样的实践活动让党史学习教育不仅展示在墙上的方案中、停留在师生的口头上，更为重要的是扎根在每一位教师、学生、家长的心中，全面融入学校文化体系中，以润物细无声的方式落地生根，渗入每个家庭。

《义务教育道德与法治课程标准（2022年版）》总目标中指出：学生应了解

中国共产党的历史和革命传统、改革开放和中国特色社会主义的伟大成就，汲取党史、新中国史、改革开放史、社会主义发展史所蕴含的精神力量，热爱伟大祖国、热爱中国共产党。行远小学思政课程设计在党建引领下，以多课型混搭的方式开展，以“党史学习教育”为抓手，以新技术为支撑，以活动为载体，将思政教育融入各类课程教育，把“爱党、爱国、爱家”的种子播撒在孩子们的心中，用心引导、用爱呵护，直到小树苗长成参天大树。

“三增三减”课后服务的新探索

2021年7月24日，中共中央办公厅、国务院办公厅印发了《关于进一步减轻义务教育阶段学生作业负担和校外培训负担的意见》。“双减”重磅落地，各地积极响应，学校面临着新的挑战。每天增加2个小时的课后服务时间，学校怎样才能解决师资不足的问题？课时调整之后，怎样的课程安排才是高效的?要解决这些问题，我们首先要想清楚“双减”应该减什么，为什么减；其次，想清楚我们应该增什么，为什么增。只有找到背后的归因，才能有的放矢。行远小学在重庆市区的统一部署引领下，立足“双减”政策的精神内涵，借助学校多课型混搭模式，建立了“家校社三空间”的智慧教育探索体系，紧紧聚焦学生、教师、家长这三类核心人群的体验感、价值感和获得感，找到各自的病理区，通过减轻学生负担、减轻教师压力、减缓家长焦虑，增效学生课程供给、增值教师职业生命、增强家长服务水平，切实保障“双减”落到实处。“三减三增”是学校开展多课型混搭的新探索。

一、减学生之负，增效课程供给，让学生学足学好

（一）减一刀作息之缚，增个性化学习之能，让校园生活更自主、更自在

弹性作息安排是学校减负提质的突破口。培养未来的人，不能再走“老路子”，教学管理不能再一刀切。因此，学校遵循学生身心成长规律和学科特点，将课时设置成15或20分钟的微课时、30或35分钟的芯课时、50或60分钟的长

课时，同时设置晨练时光、小曲欢唱时光、自主时光、午休时光，晚上设置亲子交流时光……多时长共生的弹性作息，为个性化发展留足时间和空间，让学生的校园生活更自在、更自主。表7.5为行远小学作息时间表。

表7.5　行远小学作息时间表

<table>
<tr><th>时段</th><th>时间</th><th>周一</th><th>周二</th><th>周三</th><th>周四</th><th>周五</th></tr>
<tr><td rowspan="8">上午</td><td>8：30—8：45</td><td colspan="5">诗词诵读</td></tr>
<tr><td>8：45—9：20</td><td colspan="5">第一节课</td></tr>
<tr><td>9：20—10：00</td><td>升旗仪式</td><td colspan="4">晨练时光</td></tr>
<tr><td>10：00—10：35</td><td colspan="5">第二节课</td></tr>
<tr><td>10：35—10：45</td><td colspan="5">课间休息(小曲欢唱)</td></tr>
<tr><td>10：45—11：20</td><td colspan="5">第三节课</td></tr>
<tr><td>11：20—11：30</td><td colspan="5">课间休息(小曲欢唱)</td></tr>
<tr><td>11：30—12：10</td><td colspan="5">第四节课</td></tr>
<tr><td rowspan="5">中午</td><td>12：10—12：50</td><td colspan="5">午餐</td></tr>
<tr><td>12：50—13：25</td><td colspan="5">午休时光</td></tr>
<tr><td>13：25—13：35</td><td colspan="5">课间休息(小曲欢唱)</td></tr>
<tr><td>13：35—14：10</td><td colspan="5">午课</td></tr>
<tr><td>14：10—14：20</td><td colspan="5">课间休息(小曲欢唱/眼保健操)</td></tr>
<tr><td rowspan="3">下午</td><td>14：20—14：40</td><td colspan="5">书写练习</td></tr>
<tr><td>14：40—15：15</td><td colspan="5">作业辅导</td></tr>
<tr><td>15：15—15：25</td><td colspan="5">小曲欢唱</td></tr>
<tr><td rowspan="3">课后服务</td><td>15：25—16：15</td><td>主题融合</td><td>影视阅读</td><td>劳动日</td><td>主题融合</td><td>主题班会</td></tr>
<tr><td>16：15—16：30</td><td rowspan="2">全体教师会议学习</td><td colspan="4">小曲欢唱</td></tr>
<tr><td>16：30—17：30</td><td colspan="3">学科活动</td><td>自主阅读</td></tr>
<tr><td colspan="7">组织放学</td></tr>
<tr><td rowspan="2">家校沟通</td><td>19：00—19：30</td><td colspan="5">答疑交流</td></tr>
<tr><td>19：30—20：30</td><td colspan="5">亲子共创</td></tr>
</table>

（二）减大一统课程之困，增系统化课程之质，让学习体验更丰富、更快乐

多元课程供给是减负增效的关键点。统一课程、统一目标要求、统一教材、统一大纲、统一教学组织形式、统一教学过程和方法等，使得教学思想重思辨内省，轻实证外求；重求同顺从，轻求异创新；重直觉领悟，轻逻辑推理；重目标结果，轻过程方法。在这种教育思想的影响下，学生的求异思维和创新的欲望与能力均遭到扼杀，助长了思维的惰性。行远小学创建与学生心理特征相适应的砺行课程，开设系列多维的小课程群，如“技术+创”课程、“四类十门”劳动课程、新生养正课程，不断升维课程供给，满足学生个性化需求。学校注重多课型混搭，纵深探寻双线融合教学路径，根据不同的教学内容选择不同的课型，例如双线双师课由1个线上导师+N个线下伴学教师共同完成，通过教学平台实现1个教师精讲精导来为多个班级共同授课，还可以联动各地的学校，实现跨区域、跨国界的多时空授课，实现资源的最大化使用，推动学习方式变革。

（三）减统一化作业之负，增差异化作业之效，让学习应用更具层次性和生活化

改进作业设置是减负增效的落脚点。统一化作业导致学生“饥”“饱”不均，生生间缺乏合作、探究，挫伤了学生答题的积极性，抹杀了学生自主表达的创意。我们开展涵盖全学科的作业论坛，通过“意”“曲”“童”“供”，即锚定作业价值、诊断作业病症、延展作业形式、聚焦作业改进四策略，标本兼治，夯实教学质量。从育人价值、应用价值、审美价值、未来价值四个角度锚定作业的价值取向，从而明确作业改进的目标和方向。有了指南针，我们发现延展作业的形式是一条减轻学生负担的“捷径”，除了精准设计夯基型的日作业，还有整合型的周作业、主题式的月作业、项目式的学期作业。这样的作业既符合学科课程标准的要求，又靶向满足了学生的成长需求，让学生的学习应用更具层次性和生活化。

（四）减单一化评价之僵，增多元化评价之益，让素养培育更聚焦、更落地

优化评价机制是减负增效的原动力。单一化评价评语刻板教条化，缺乏科学性和公正性，缺少人情味和感染力，不仅无助于促进学生的健康发展，而且还阻碍学生的全面发展，使学生成为评价的“奴隶”。行远小学主要从三个方面优化评价机制：一是通过“伴随式过程评价+主题式学科测评”，建立OMO智学档案；二是建立“行远银行”，以校园币为载体，通过“行远钉”伴随式记录学生学习的生活轨迹，让评价可视化；三是已探索三年有余的学期末的学科主题式测评，从多个维度给予学生客观、全面、科学的评价，逐步实现教学评一致。

二、减教师之压，升值职业生命，实现管理转向和成长进阶

（一）减教师思想之“茫”，从被动接受走向主动拥抱，增强教书育人责任感

善用工具包。随身携带可联网的手提终端，就像拿筷子、用钢笔一样，真切融进工作与生活。玩转、用活常用办公软件，助推教师走出舒适区、进入学习区、敢闯潜能区，增强教书育人的责任感。

活用脚手架，通过清单、数据、思维导图、问题导向等现代思维方式，帮助教师们突破自身的思维局限，让工作更加清晰、高效、有品质。

开设“六点有约”栏目，教师们定时完成技术小任务，日积月累提升教师的技术素养，倡导人人成为智创型教师。教师们转变了教育观念，探寻一些实用的教学好方法，从被动接受走向主动拥抱，增强了教书育人的责任感。

（二）减教师培训之“忙”，从任务式的下压培训走向探究式的智慧共创，增强教书育人的自信心

每周通过学习微分享、常规周周碰、行远微论坛，进行常态的双线共创，引导教师科学、辩证地认识减与增的关系，并带动全员实操培训，夯内功、强专业、提素养。

学期末、学年初的7天研修周，不仅有分层、精准设计主题式研修，还开设

定制化的研修小班，聚焦实际问题，筛选优化可借鉴、可研讨的资源。通过智慧众筹，为教师点亮教育心灯，增强教书育人的自信心。

（三）减教师管理之“盲”，从一地鸡毛的被动应付走向科学规范的网状联动，增强教书育人的幸福感

学校岗位设置，做到“扬长型分工，多岗位锻炼”的顶层设计，并在“行远钉”上自主研发教师选岗系统，使得教师可以自主选择岗位，学校根据教师的意愿统筹安排。

学校提出“行远教师减压10条”，教师自主研发“行远教师修远公约”，共创“五智行远”的治理逻辑等，帮助教师向下扎根，找到属于自身的蓬勃生长力，增强教书育人的幸福感。

三、减家长之忧，增强服务水平，让家校协同共育呈现新样态

（一）减家长之忧，开设“三点半课堂”，增家长满意度

学校开设的“三点半课堂”，目前已形成1门作业辅导、N类学科活动、1门主题课程的“1+N+1”课后延时服务常态实施路径，让学生长达10个小时的在校时间张弛有度，既让学生学习体验更丰富、更快乐，又能满足不同的学生在校内学习上能“吃得饱”“吃得好”的需求，从而不断提升课后服务品质。这一设计打消了家长的顾虑，进一步强化学校教育的主阵地作用，大大缓解“双减”政策“校内减负、校外增负”的现象，增加家长的满意度。

（二）减家长之忧，开设家长共进课程，增家长获得感

学校以“家校社三空间融合的智慧教育探索”为龙头课题，研发实施家长共进课程。比如开设云端家长学堂，提升家长的知识素养；开设亲子集会课程，转变家长的观念与行为；设计一对一的定制化云端家访，引导家长智陪与共进；设置云端家校共进圈，促进家长分享与交流等，从而实现家校各安其位，释放更大的育人合力，增强家长的获得感。

已经落地半年有余的“双减”政策，不仅是对教育的理性回归，更是对人的需求的关照。学校减负增效，就是要紧紧抓住学生、教师、家长这三类核心人

群，进行系统设计和持久发力。新的一年，我们将继续探索多课型混搭模式，在“减负增效”上守正创新，不断躬耕践行，推动“双减”工作落地有声，创办老百姓家门口的好学校。

劳动课程系统设计与常态化推进的新举措

2020年3月，印发《中共中央、国务院关于全面加强新时代大中小学生劳动教育的意见》（以下简称《意见》）。该《意见》指出劳动教育是中国特色社会主义制度的重要内容，直接决定社会主义建设者和接班人的劳动精神面貌、劳动价值取向与劳动技能水平。

2022年5月，劳动教育颁布课程标准，提出“劳动课程要突出社会性和实践性，有目的、有计划地组织学生参加日常生活劳动、生产劳动和服务性劳动。”

一所建成不久的新学校，在师资不足、物资匮乏的情况下如何突出重围，实现劳以育人呢？我们的答案是通过多课型混搭，突破时间和空间的限制，不断丰富课程的组织形式与内容，最终达成“劳以笃行，创以致远”的育人目标。

重庆市两江新区行远小学围绕“劳以笃行，创以致远”的劳动课程理念，从顶层设计入手，系统设计劳动课程。以学校文化为引领，明确“三层递进”的劳动课程目标；遵循儿童成长规律，构建“四类十门”劳动课程体系；运用新技术拓展空间，探寻“四融合四混搭”的劳动课程实施路径策略，形成新建小学校常态化推进劳动教育的有效机制模式。

一、以学校文化为引领，厘清“三层递进”的劳动教育课程目标

行远小学校名出自《礼记·中庸》中的“君子之道，辟如行远必自迩，辟如登高必自卑”，昭示干事创业既要有“登高”“行远”的目标，又要自“卑”处、自“迩”处始的作风。古语精炼，“行远”校名本身就蕴藏着永不褪色的劳动品质和精神。

（一）树立“劳以笃行，创以致远”的课程理念，丰盈学校文化体系，为劳动教育塑魂

劳动课程要培养的核心素养包括了劳动观念，并且《意见》强调新时代大中小学劳动教育要体现时代特征。面对劳动教育新内涵，行远小学秉承“万物养正，登高行远”的办学理念，树立“劳以笃行，创以致远”的劳动教育课程理念。“劳以笃行”回应学校真抓实干、脚踏实地的精神基因，将劳动课程融进学生的具体日常。“创以致远”则面向未来，充分利用重庆市两江新区智慧教育资源优势，努力培养五育并举的时代新人。

（二）设计“三层递进”的课程目标，夯实学校培养目标，让劳动教育扎根

第一层，劳动教育课程总目标。“劳以笃行，创以致远”既是课程理念，更是课程总目标，夯实“培养全面发展、个性飞扬的未来型小公民”的学校培养目标。

第二层，劳动课程分阶目标。大雁是学校的吉祥物，学校将劳动课程划分为雁启、雁志、雁行、雁扬四类，寓意生命成长的轨迹，对应启蒙劳动意识、体会劳动光荣、养成劳动习惯、提高劳动创造能力四阶目标，层层递进，关注各学段学生不同的成长需求。

第三层，劳动教育课程分门目标。教育部印发《义务教育劳动课程标准（2022年版）》，提出劳动教育目标框架应包含树立正确的劳动观念、具有必备的劳动能力、塑造基本的劳动品质、弘扬劳模精神和工匠精神。教育部印发《大中小学劳动教育指导纲要（试行）》（以下简称《指导纲要》）。该《指导纲要》提出劳动教育目标框架应包含树立正确的劳动观念、具有必备的劳动能力、培育积极的劳动精神、养成良好的劳动习惯和品质。基于此，学校将劳动教育总课程目标逐步细化，详情见图7.12。

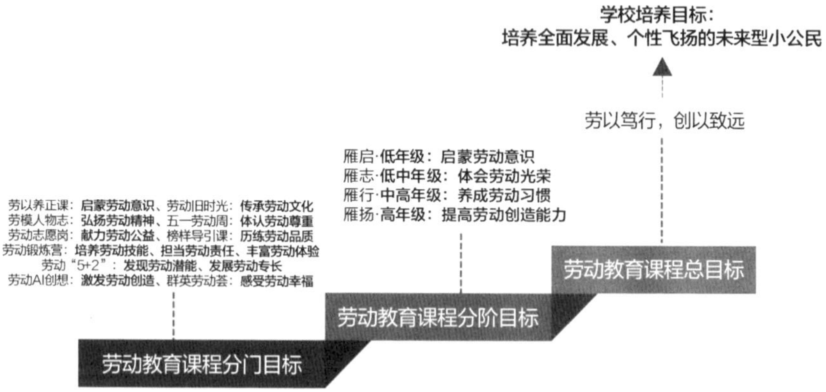

图7.12　行远小学劳动课程“三层递进”目标示意

二、遵循儿童成长规律，构建“四类十门”的劳动教育课程体系

《意见》强调：“劳动教育是国民教育体系的重要内容，是学生成长的必要途径，具有树德、增智、强体、育美的综合育人价值”。学校遵循“以劳树德、以劳增智、以劳强体、以劳育美、以劳创新”的课程旨归，关照6~12岁儿童的身心特征，将劳动课程划分为“雁启”“雁志”“雁行”“雁扬”四类逐层递进的主题课程，同时对应设置十门课程（见表7.6）。

表7.6　行远小学“四类十门”劳动课程体系

课程名称		课程理念	课程价值	课程设置	课程年段	课程类型
雁启	劳以养正课	适应新生活　养成好习惯	启蒙劳动意识	入学第一周	一年级	必修
	劳动旧时光	追忆旧时光　启迪新智慧	品味劳动审美，传承劳动文化	每期一次主题融合课	一至二年级	必修
雁志	劳模人物志	从小学先锋　长大做先锋	弘扬劳动精神	每期一次主题融合课	一至四年级	必修
	榜样导引课	时时做好自己　争当学长榜样	历练劳动品质	一期一次	三至六年级	选修

续表

<table>
<tr><th colspan="2">课程名称</th><th colspan="2">课程理念</th><th>课程价值</th><th>课程设置</th><th>课程年段</th><th>课程类型</th></tr>
<tr><td rowspan="2">雁志</td><td>五一劳动周</td><td colspan="2">劳动最光荣　劳动最美丽</td><td>体认劳动尊重</td><td>一年一次</td><td>一至六年级</td><td>必修</td></tr>
<tr><td>劳动志愿岗</td><td colspan="2">建设新重庆　我来出份力</td><td>献力劳动公益</td><td>寒暑假1+2小课题</td><td>五至六年级</td><td>必修</td></tr>
<tr><td rowspan="5">雁行</td><td rowspan="3">劳动锻炼营</td><td>每日家务半小时</td><td>动动手，帮着干，家里的事情要分担</td><td>培养劳动技能</td><td>每日半小时</td><td>三至六年级</td><td>必修</td></tr>
<tr><td>每周校园劳动日</td><td>出出力，流流汗，热热闹闹一起干</td><td>担当劳动责任</td><td>每周三下午劳动课</td><td>三至六年级</td><td>必修</td></tr>
<tr><td>每期研学周</td><td>敢尝试，勤锻炼，知行合一方致远</td><td>丰富劳动体验</td><td>一期一次(先导、体验、展示)</td><td>三至六年级</td><td>必修</td></tr>
<tr><td rowspan="2">劳动“5+2”</td><td>校内社团课</td><td>让兴趣与我作伴</td><td>发现劳动潜能</td><td>周一至周五下午社团1小时</td><td>一至六年级</td><td>选修</td></tr>
<tr><td>校外生活课</td><td>让技能与我同行</td><td>发展劳动专长</td><td>周六、周日</td><td>一至六年级</td><td>必修</td></tr>
<tr><td rowspan="2">雁扬</td><td>劳动AI创想</td><td colspan="2">处处是创造之地　天天是创造之时</td><td>激发劳动创造</td><td>一周两次</td><td>五至六年级</td><td>选修</td></tr>
<tr><td>群英劳动荟</td><td colspan="2">劳动实现梦想　劳动创造未来</td><td>体现劳动价值，感受劳动幸福</td><td>一年一次</td><td>六年级</td><td>必修</td></tr>
</table>

（一）劳动雁启课程

雁启课程对应小学低段，即启程出发之意。低段学生的注意力的灵活性差，以具体形象思维为主，因而此阶段的课程以日常生活劳动为主，其目的在于启蒙劳动意识、感知劳动乐趣、明白人人都要劳动的道理。

1.劳以养正课

劳以养正课为一年级新生开设。入学第一周，以适应新生活、养成好习惯为目标，通过线下实操课等方式让孩子培养良好的习惯、进行自理生活，为孩子奠定劳动根基。课程内容包含“菁菁校园”“欣欣课堂”“彬彬有礼”三项主题（见图7.13）。

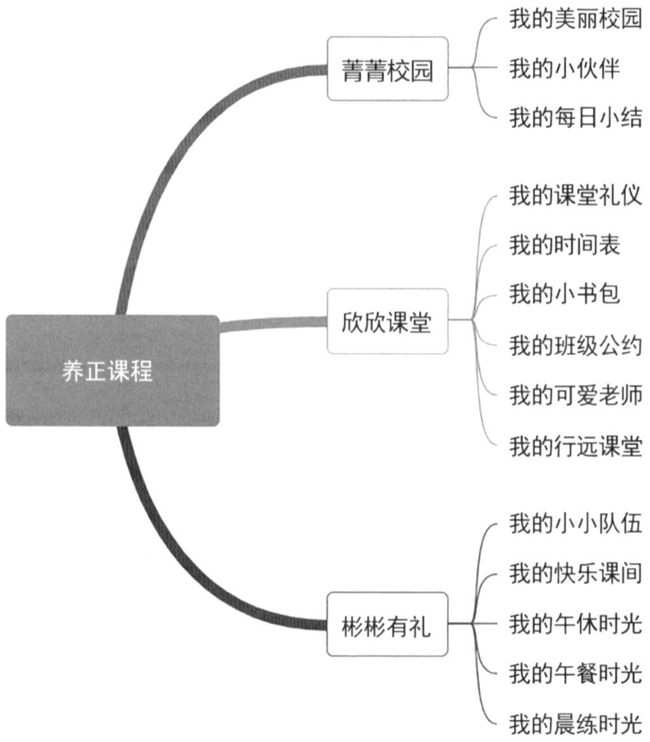

图7.13　行远小学养正课程体系

2.劳动旧时光课

劳动旧时光课程为小学低段学生开设，以追忆旧时光、启迪新智慧为目标，通过主题融合课的方式，感知不同时代的劳动智慧，传承劳动文化。

（二）劳动雁志课程

雁志课程为小学低中年级学生开设，含有立志之意。三至四年级学生的思维方式由具体形象思维向抽象思维过渡，此阶段的劳动课程设计注重卫生、劳动习惯的养成。

1.劳模人物志

劳模人物志面向一至四年级学生，通过主题融合课选取劳动楷模的先进事迹，体会、弘扬劳动精神。

2.榜样导引课

榜样导引课为三至六年级学生开设，每学年选出学长榜样，以学生引导学生，发挥榜样的力量。分别设置榜样成长营、榜样志愿岗、榜样小讲堂课程。

3.五一劳动周

五一劳动周面向一至六年级开设，每学年围绕劳动节开展主题活动，体认劳动尊重。低年级学生通过活动，学会热爱中华民族的劳动美德，在具体的劳动中出力流汗、体验快乐。中高年级学生通过真实劳动情景，在新技术背景下亲身体验，激发学生团结协作能力和创新精神。

4.劳动志愿岗

劳动志愿岗针对五至六年级学生开设，学生自愿参与各类社会实践。让学生从入校开始便参与劳动分担，主动维护教室内外的环境卫生。之后参加力所能及的公益劳动，增强公共服务意识，体验简单的生产劳动，珍惜劳动成果。

（三）劳动雁行课程

劳动雁行课程为中高年级学生而设，意为成长砺行。五至六年级学生的思维方式从抽象思维向逻辑思维过渡。此课程以适当的服务性、生产性劳动为主，培养学生的劳动技能、发展劳动专长，重点强化实践体验。

1.劳动锻炼营

劳动锻炼营主要针对三至六年级学生开设，其中包含每日家务半小时、每周校园劳动日和每期研学周，从而使学生体悟劳动快乐，培养学生的劳动习惯；担当劳动责任，学会与他人合作劳动。

2.劳动“5+2”

劳动“5+2”即一周“校内劳动5天+居家劳动2天”，为低中高年级学生开设。校内通过社团课发现学生的劳动潜能。校外生活课则通过周末劳动生活课发展劳动专长。

（四）劳动雁扬课程

雁扬课程对应六年级学生，意为展翅翱翔。此阶段的课程旨在激发学生劳动创造，体现劳动价值，感受劳动幸福，驱动学生参加校内外公益劳动，提高创造性劳动能力。

1.劳动AI创想

劳动AI创想为小学高段学生开设，以“处处是创造之地，天天是创造之时”为目标，通过劳动AI课程激发学生的劳动创造力。

2.群英劳动荟

群英劳动荟面向六年级学生开设，从多方面综合开展各类主题活动，展示学生六年的劳动课程成果，体现劳动价值，感受劳动幸福，让劳动精神得以传承。

三、运用新技术拓展时空，探寻“四融合四混搭”的劳动教育常态实施的路径策略

（一）重内涵融合，探寻劳动教育的实施策略

在教育实践中，如何把劳动课程和已有课程等多要素融合，关键在于回归育人本质，运用内涵融合策略。

1.融入学校文化

行远小学强调让“劳以笃行，创以致远”成为一切课程活动的精神内核，始终围绕大雁精神来研发劳动活动，让劳动课程主题与学校文化一脉相承，落地生根。

2.融进学校德育活动

行远小学以主题周、月规划全年的德育工作。同时，行远小学把升旗仪式、主题班队会等德育阵地作为劳动教育的重要载体，常态化开展劳动主题教育活动，让劳动教育不再成为一座孤岛。

3.融通学校主题课程

在行远小学文化引领下，设置不同的主题课程，并适时将劳动课程融通进行远小学主题课程体系（见表7.7）。

表7.7　行远小学2020—2021学年上期主题月、主题周课程

月份	主题月	主题周	活动	项目负责	序言
2月	雁腾	适应周	养正适应劳动课程	教师发展部	开学早适应，展翅显风采。学期细规划，敏行不自怠。文明养正气，劳动赢未来。
		规划周	我的学期计划	资源服务部	
		文明周	社会主义核心价值观之文明	学生成长部	
3月	雁行	博闻周	了解两会知识、关注两会、学习雷锋	智慧研创部	博闻广智，分享见闻。千金一诺，诚信为本。拨云见日，恰是春归。始于初春，万物并育。
		诚信周	诚信主题升旗仪式课程、班会	学生成长部	
		觅春周	春日种植课程	教师发展部	
		环保周	地球日主题升旗仪式课程、班会	学生成长部	
4月	雁翔	缅怀周	清明祭奠亲人、烈士	学生成长部	清明雨上，缅怀先辈。四月如歌，精致悦己。时代赋能，科创争先。菁菁校园，书香盈盈。
		悦己周	校服礼仪、个人礼仪、自我服务劳动	资源服务部	
		科创周	学生AI科创大赛、机器人课程	智慧研创部	
		阅读周	阅读分享、阅读日活动	语文组	
5月	雁鸣	劳动周	五一劳动周、劳动主题融课程	教师发展部	雁鸣五月，劳动最美。感恩母爱，幸福陪伴。防患未然，安全于心，童心同行，未来可期。
		亲子周	母亲节相关活动、感恩母爱	资源服务部	
		安全周	安全演习、安全讲座	后勤保障部	
		六一周	六一节庆祝活动、入队仪式	综合组	
6月	雁扬	端阳周	了解端午节相关知识、创编端午童谣	智慧研创部	六月收获，喜结硕果。鸿雁在云，志在千里。蛰伏千日，厚积薄发，只待今朝，直上云霄！
		亲子周	父亲节相关活动、感恩父爱	语数教研组	
		骋志周	学年总结、汇演，群英劳动荟	学生成长部	
		爱党周	了解建党历史、庆祝建党节	智慧研创部	

4.融贯学生素质评价

行远小学将劳动素养纳入综合素质评价中，以学生成长记录卡、家务劳动日签（线上）等方式开展学生评价，通过行远币进行奖励与兑换，形成长效评价机制。

（二）重外延混搭，探寻劳动教育的实施路径

在这个快速变化的新时代，结合“融合态”的架构，劳动课程实施需要改变用人模式、教学模式、学习方式、课程设置，实现多群体共创，人尽其才；多时长共生，时尽其效；多课型混搭，生尽其能；多场域共享，地尽其利，朝着目标去实施。

1.师资混搭

作为一所新建的学校，新入职的教师的占比高，没有劳动教育背景及相关经验。在无法满足专业劳动课程师资的境况下，师资混搭、人尽其才是最优的方式。

跨学科、跨学段搭配，整合国家课程中有关劳动教育的知识及资源，提炼劳动教育的现实问题，进行主题活动的再开发。

2.时空混搭

教育的角色在校园内，也在社会中。学校延展教育角色，整合优质教育资源，将专业研究导师等专业人士引进学校，将劳动教育课程实施空间拓展到家庭、社区，实现校内外的场域混搭（图7.14）。

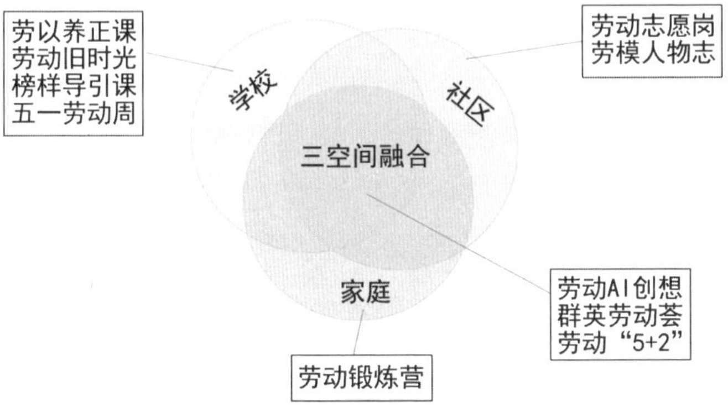

图7.14　行远小学劳动课程三空间融合实施图

3.学习方式混搭

劳动教育实践中，更多的是处于家校“各自为政”的状态，造成劳动教育与现实脱节的尴尬局面。于是，我们以任务驱动学生运用新技术去探索丰富的劳动世界。例如：在新生见面会上，学长榜样引导学弟、学妹熟悉学校；期末辅差，化身小教师帮助同学；小组合作为学校创编节目……

4.课型混搭

在学校智慧教育发展引领下，行远小学研发出“劳动教育必修课+学科渗透劳动教育”“线上劳动知识科普+线下劳动指导”“校内劳动技能学习+家务劳动实践”“校园劳动活动+社区志愿服务”“单班劳动学习+开合班组劳动实践”等多种混搭课型，教师根据学情等自主选择适合的课型，增强其在新时代背景下的劳动智慧和劳动能力。

行远小学结合区情、校情，充分利用多课型混搭模式下的优势，将劳动教育根植于学校文化之中，遵循儿童年龄特征和身心发展规律，有目的、有计划地对其施加教育影响，充分发挥学校主导、家庭基础、社会支持的作用，推动劳动教育常态化实施，让学生在劳动实践以及未来生活中“脚下有劲、手中有活、眼中有光、心里有爱、灵魂有趣”。

附录

多课型混搭的案例采撷

走进万物互联的智能新时代，行远小学在新技术、新平台的加持下，不断实践探索多课型混搭，切实转变教与学的方式。这些新型课堂在一线教师的日常工作中是如何得以运用的呢？面对数字化转型，又是如何打破常规，提升教师的信息技术素养，实现跨越式成长呢？针对不同的内容，教师们又是如何选择相应课型，使其发挥最大的效能？

案例：

案例1　陈规放下一些，智慧就升起一点儿——我的直播课成长日记

案例2　多课型混搭，从茫然到欣然

案例3　从“技术小白”到“技术派教师”的修炼之路

案例4　用提问开启深度阅读的单班创生课

案例5　从“茫然无措”到“破茧成蝶”——记“雾在哪里”开合班组磨课心得

案例6　室外探究，不二行远

案例7　我的网络直播课进阶之路

案例1
陈规放下一些，智慧就升起一点儿——我的直播课成长日记

2020年的新型冠状病毒肺炎，让我们共同经历了不同寻常的时期。在全民抗“疫”的这段日子里，行远小学在教育部发布的相关文件精神的引领下，开设了行远“智·课堂”线上课程，带给孩子们一堂堂别开生面的智慧课堂。疫情下的线上教学活动，带给我们极大的挑战，大家从讲台上滔滔不绝的“教师”，摇身一变当起了“主播”，开启了线上教学之路。

扎根：操作清单　助力成长

2020年2月7日　　星期五　　雨

距离行远“智·课堂”第二阶段的线上直播课仅剩三天!

学校为了让教师们学习钉钉的使用方法，进行了细致的安排。在教师们信息技术水平参差不齐的情况下，“从矮子里面选高个子”，掘地三尺寻找学校的技术达人，成立技术支撑组。以学科组、年级组为单位开展线上技术培训。技术支撑组的小伙伴在每个年级建立网络直播群，不厌其烦地告诉我们如何进行直播操作，同时拟出了行远“智·课堂”网络直播课堂操作清单，随时解决我们在直播时出现的各种技术问题。在他们的帮助下，我们很快就掌握了直播的基本操作技能。

萌芽：直播测试　困难重重

2020年2月8日　　星期六　　阴

早上六点，闹钟响起，我一跃而起，丝毫没有赖床的想法，因为今天是各班级进行直播测试的日子，我得做好充足的准备。

直播设备很简单：一台电脑、两部手机。在连接上网络后，我就这样在一年级五班钉钉群开始了自己的首次测试。我作为班主任，首次测试需要让家长和孩子们清楚知晓线上学习的注意事项，了解并会使用直播时的一些基本互动操作技能，讲清楚在上课过程中怎么让学生自己的学习面板保持干净。

上午8：30，我准时点进了开始直播的按钮，孩子们陆陆续续进入直播室向我打招呼。与往日学校里熟悉的教师、同学们在网上相见，孩子们难免兴奋不已。这是他们第一次集体网络学习。互动面板上频频显示他们发出的聊天记录，送花花、发表情，尽管隔着屏幕，我仍然能感受到孩子们内心的小激动。但我看不到他们的样子，听不到他们的声音，只能通过“能听到罗教师的声音请回复1，能听到背景音乐声请回复2”这样的方式进行实时情况的掌握。

在这次测试中，由于网络不稳定，直播的视频开始有点卡顿，声音和画面不能同步，所以我们给网络不好的小朋友们提出了切换到流畅模式的建议。但还是会有家长摸不清头绪，也不会操作，我们就通过录屏演示或者截屏指导、电话联系等方式指导，做到让每一个家长都会操作使用。

破土：内容设计　研讨破局

2020年2月9日　　星期天　　阴

有了技术的支撑，接下来就是线上教学内容的研讨。备课组的教师每天会把微课视频和教学详案提前发布在群里，共同讨论修改，直至制订出最佳的教学内容。伙伴们也会共同商讨作业的布置和学生的疑难问题，还会在群里交流各自班上的学习情况与教学经验心得，及时吸取彼此好的做法和经验，做到扬长补短，精益求精。

讨论结束后小伙伴们充当学生，配合“主播”进行试讲，及时解决通过钉钉视频会议研讨试讲中出现的问题，一遍遍的视频研讨，一遍遍地修改，才有了第一堂成形的直播课。

新枝：首次直播　忐忑起步

2020年2月11日　　星期二　　多云

今天，我迎来了人生中线上教学的直播首秀。这次面对的是整个一年级的241名孩子，当然背后还有无数的家长。提前写下直播中说的每一句话、每一步行动，包括打开扬声器、关闭麦克风……以防紧张时说错话。尽管做了充足的准备，我的内心依旧忐忑不安。不敢给学生开视频，总感觉是在自说自话。隔壁突然传来的狗叫声，也让我感到尴尬。

中午，组内进行线上教研，回顾直播的得失。总的来说，准备得还算充分，可自己的心理素质不够强大，易受外界干扰。师生的互动较少，未能得到教学效果的及时反馈。于是，我及时调整方案，在重要知识点处增加1次连线，和组内小伙伴反复试播明天的内容，互相提醒，交流经验，走出艰难的第一步。

开花：研之生慧　修之孕新

2020年3月30日　　星期一　　晴

经过快两个月的线上教学，现在的我对钉钉直播的各种功能渐渐熟悉，授课过程变得流畅，做到了“话中有要求，面前有学生，心里有目标，教学有互动”。我们也学会了更加全面地去考虑问题，比如考虑到很多家长都已复工，没有了家长的督促，怎样保障一年级小朋友的识字教学取得实效？通过研讨，我们在互动交流中采用简单的数字、表情、语音互动等操作，集中孩子的注意力，确保教学有实效。

今天和组内的小伙伴线上相互分享了这段时间的收获与不足，静心思考，惊喜地发现这种特殊的教学模式加速了我的成长。网络上丰富的资源促使我们有了更多的思考和研究，相隔屏幕的学习方式沉淀了耐心和心智。教育是生命展开的过程，是一个人和一群人的成长，一切必须从教师自身的提升开始，研之生慧，修之孕新。

一直以来，我们始终是在用人的智慧撬动人的主观能动性，放下陈规，智慧升起，让技术赋能教育，更好地为教育服务，更有效地实现课堂的真正变革。

案例2
多课型混搭，从茫然到欣然

当我们进入万物互联的新时代之后，课堂也将面临极大的变革，无论我们是否愿意或者是否已经意识到，这场课程改革的浪潮都已经向我们席卷而来，一条面向未来的“以新技术赋能教育”的课改之路也越来越清晰。

一、崭新课堂，措手不及

2021年8月，我胸有成竹地来到行远小学，心中充满期待。我有几年的教龄，并不是新教师，本以为可以游刃有余地从事自己的工作，谁知却惨遭滑铁卢，行远小学崭新的一切，让我措手不及。这里的理念新、技术新，还有闻所未闻的五大课型，即双线双师课、开合班组课、室外探究课等，让我更是丈二和尚摸不着头脑。好不容易工作几年在教学上稍有进步，现在又遇上全新的课型，我要从头开始。学校的教师们都非常迅速地进入了状态，我跟不上步伐，像一个局外人。每一次会议的节奏都非常快，让我云里雾里，这里还没搞清楚，那里又开始了。

可是职业的特殊性不允许我有半点懈怠，孩子们需要我，学校也需要我。我只能迅速调整状态，以空杯心态向同伴请教，努力跟上节奏，填补自己的空缺。

二、学会接纳，渐入佳境

（一）一堵墙的距离

刚开学的时候，年级的开学第一课，需要我上一堂开合班组课，带领孩子们学习“请党放心，强国有我”的朗诵。当组长把这个任务交给我的时候，是我第一次听说“开合班组”这个词，我忐忑地问了一句“什么是开合班组?”组长简单地向我们介绍之后，我必须迅速消化，因为第二天我就要组织孩子们上课了。带着孩子们朗诵，也并不难，只是没有接触过这类课型，让我有些忐忑。临近上课，有经验的教师帮忙打开两班隔墙，连通的教室变得开阔了不少，我站在两个班孩子的中间。像这样的讲台，我还是第一次见到。看着两个班的孩子投来的期待的目光，我挺直了腰板，开始了第一次开合班组的课堂。后来，随着开合班组课的时常开展，我才体会到了这一块隔墙能打开的好处和用意。每月，我们都会举行一次和大语文相关的活动课。比如：诗词鉴赏大会、阅读分享大会、名家好文欣赏、群文阅读等。每当有这样的大语文活动课，我们就会打开教室隔墙，两个班的孩子共同开展，相互分享本月课外阅读、古文诗歌等的收获，同时也形成了良性的竞争关系。“自己班一定不能输”的想法促进孩子主动阅读，让他们在主动学习的同时感受汉字的博大精深，爱上汉字，爱上语文。

（二）隔屏不隔爱

双线双师课是课程中必不可少的一环。我第一次当“主播”是开学不久的主题融合课，虽然之前在疫情防控期间也当过“主播”，可是此“主播”非彼“主播”。这里有从未接触过的软件Classin，功能繁多，光是每一个图标是干什么用的，如何操作和使用都让我足足学了一个多小时。第一次在电脑前面对两个年级的孩子，我实在有些胆怯。渐渐熟悉软件的操作之后，双线双师课就变得得心应手了。果然，不要惧怕新鲜事物，它必定会带给我们不一样的收获。

《义务教育课程方案和课程标准（2022年版）》明确提出——构建语文学习任务群，注重课程的阶段性与发展性。我们的课程也很契合这一理念。在每日的晨读上，我们会有直播教师在线上统一开展，发布晨读任务群，以学习任务为载体，各班语文教师线下带读。孩子们也可以通过大屏幕观摩到其他班孩子晨读的样态，互相学习，共同进步。除此之外，我们也常常利用线上直播进行年级统一的听写默写，轮流直播，解放自己。在教师们不得不开会或有临时的重要事情调不开课时，我们也可以建立直播课堂，布置学习任务群，让孩子自主学习，教师则在线上起监督作用，实时进行评价。

（三）走出教室，感受自然

室外探究课当然也会有。谁说语文课一定要坐在教室里？我们可是到室外上了不少课！课文《爬山虎的脚》让我们和校园的爬山虎来了一场亲密的接触。站在一大片爬山虎旁，感受着徐徐微风，朗读课文的滋味舒服极了。课文《记一次游戏》让我们在操场上挥汗如雨，尽情玩耍。游戏中的各种样态和感受都让我们铭记于心，变成了写作的好素材和绝佳的灵感。只有真正经历过，才能写出生动的作文，踏出教室，带着孩子们去感受自然，不失为一种好的教学方法。

三、新型课堂，变也没变

其实，我们的新型课堂在变，也没变。

（一）变形式，不变情感

变的是教育的形式，更加多样化。时代在进步，教育也必定要趋于时代，适应潮流。基于互联网的知识共享的课程创生成为现实。这是我们所呼唤的一个未来学校教育技术形态的变革。在人类教育活动当中，“人＋机器”意味着人工智能时代中智能技术在教育领域全面应用，这种人机融合式的教育需要重构人和机器的关系。北京前沿国际人工智能研究院院长李开复就曾这样说过：“今天的人工智能技术正在彻底改变人类对机器行为的认知，要重建人类机器间的相互协作的关系。”机器带给人类的不是失业，而是更大的自由与更加个性化的人生体验。这是我们所希望的迎接的未来的人机协同教育的一个新的技术形态。

而我们的教育情感交流不变。学校、课堂既是学生获取知识和技能的地方，更是一个“生命场”。在这里，需要人文精神，需要师生情感的沟通。我们通常说“做有温度的教育”就是这个意思，这是机器所难以胜任的。机器永远是人类的工具，我们希望有一个友好的人机融合的互联网教育。

（二）变场域，不变核心

课型的多样化，让我们的教育场域发生了变化，我们从教室走到室外，从线下走到线上。而我们的教育核心和本质却没变，我们依然以人为本，以学生为本，以核心素养为本，以教材为本。教育本质不变，那就是“立德树人”。德行于人是第一位的，是不可或缺的。习近平在全国教育大会上的讲话中指出，我们要把立德树人融入思想道德教育、文化知识教育、社会实践教育各环节，贯穿基础教育、职业教育、高等教育各领域，学科体系、教学体系、教材体系、管理体系要围绕这个目标来设计，教师要围绕这个目标来教，学生要围绕这个目标来学。这是教育的根本，不会变，也不能变。

我们欣喜能够加入这一场变革，期待更多的教育者结伴同行。

案例3
从“技术小白”到“技术派教师”的修炼之路

小时候，教师经常告诉我们“学好数理化，走遍天下都不怕”，这样的情况现在早已一去不复返了。在这样一个新媒体时代，一个只有知识而没有技术的教师，很难让学生爱上你的课堂。而我，一位36岁的中年女教师又该如何从“技术小白”转变成“技术派教师”，从而实现跨越式成长?

一、疫情之前，我是“技术小白”

从“技术”这个词我可以联想到很多职业，却万万没想到会和“教师”这个职业挂上钩。曾经以为“技术”离我很遥远，即使不会技术，我也有我的生存之道。比如电脑断网，求助同事；课件制作，请人代劳；微课录制，交给年轻人……而这些方法遇上“停课不停学”，让我彻底傻眼了！疫情防控期间居家隔离，我没了帮手，要独自面对直播授课中的各种技术问题。这让我惊慌失措！果然，摄像头不清晰、话筒声音不会调、禁麦切换不及时、课件播放卡顿……一系列问题让我焦头烂额。我拼命地打电话向伙伴求救，可在我N次“骚扰”后，大家不约而同开始电话不接，短信不回……不再为我提供任何帮助，倒逼我自主学习眼下必备的线上教学的技术。

二、临危受命，第一次挑战上双线双师课

随着疫情情况逐渐明朗，终于结束了线上教学，熬到了返校。学校提出多课型混搭，切实转变教育学方式。这让我又傻眼了！眼看学校直播间迅速建成，专

业摄像头、面光灯、收音话筒、调音盘……一堆硬件设备摆在我面前时，我知道教与学方式的变革真的来了。像我这样的“技术小白”怎样才能跟上学校发展的脚步？

在学校的多种课型中，技术含量较高的是双线双师课。由于我骨子里依赖、等待的思想根深蒂固，遇到双线双师课，我则是能避则避、能躲就躲。

万万没想到，学校第二届行远日活动中，一堂双线双师课从天而降，狠狠地砸在我这个“技术小白”头上。我临危受命，要在3天内拿下该课程。这可是我第一次在全区展示双线双师课，真是压力巨大！平复好心情，我和磨课组的小伙伴根据教学设计梳理出该课程的技术操作清单。果不其然，复杂的操作、频繁地切换让我这个“技术小白”手忙脚乱，很不适应。几次尝试下来，效果不理想。于是，我向邹校长提出要求配1名技术教师辅助我操作，却被当场否决，让我决不能依赖、等待。

没有了退路，怎么办？要么放弃，要么攻克一个个难题直到拿下这堂课。我一猛子扎进直播间就是3天，玩转应用功能。就这样反复地尝试、摸索、练习、推翻、重来、调整、优化……功夫不负有心人，3天后，我作为线上教师，和线下6名“伴学”教师带领着三年级六个班级近200名学生，为线上线下的嘉宾带来了别样的课堂。

课前，为了营造学习共同体的氛围，我利用Classin平台的“发奖杯”功能，为做好课前准备的班级送上“小奖杯”；并随机选择2个班级与线上线下的嘉宾互相打招呼，大家热络起来，缓解了学生课前的紧张情绪。零延迟、可视化的界面，顿时提起了学生的学习兴趣。课中，我熟练地运用抢答器、扔骰子、答题器、投屏等功能顺利完成了“我是设计师”“我是朗读者”“我是创作者”“我是梦想家”四个板块的活动。学生兴趣浓厚，积极抢麦和我互动。班级与班级间营造学习共同体，相互鼓励、评价。这充分发挥了现代信息技术的支持作用，拓展学生的学习空间，提高学生的学习能力，促进课堂评价方式的变革。可以说这堂课，不但让学生感受到双线双师课的魅力，更让我尝到了技术带来的“甜头”。

三、摸爬滚打，我和伙伴们的修炼攻略

其实，像我这样的“技术小白”，在学校还有很多。教师的年龄大、技术又

跟不上，导致课堂效果不佳。这不得不让我们意识到必须转变观念，主动拥抱新技术，才能突破重围站稳课堂。届时学校开设了“六点有约”栏目，每天下午六点准时在全校教师群里发布信息技术类的小任务。教师通过完成小任务的方式，自主捣鼓直播间的各种设施设备，玩转用活Classin平台的各项功能。刚开始的时候，那些信息技术能力强的教师十几分钟就能完成提交，而信息技术能力薄弱的教师则要花较长的时间练习后再提交。经过一段时间的练习，发现教师们的学习热情越来越浓厚，效果非常不错。学校紧接着又将“六点有约”升级为“智慧锦囊”栏目。不仅满足了双线双师课的技术学习，还拓宽学习内容为海报设计、视频剪辑、机器人编程、微课录制、二维码制作、智能办公等涵盖教学、办公、生活等多个方面的应用。更为用心的是，为激发教师们的学习热情，学校根据每月“智慧锦囊”提交的情况，评选出“技术达人”。“技术达人”不仅可以在教师例会上领取奖状，还能收到智能办公用品作为奖励，最令人心动的是还有机会外出参观研学，拓宽教师们的眼界。

四、日积月累，我们是技术派教师

如今，我已从一个“技术小白”成长为“技术派教师”，荣获2021全球未来教育设计大赛二等奖、重庆市首届新技术新媒体应用大赛三等奖、重庆市两江新区人工智能挑战赛二等奖，还被聘为重庆市两江新区智慧教育首席信息官。2021年暑假，我和我的小伙伴们还牵头全区信息技术教师编写了小学6个年级的“技术+创”课后服务精品课程。在“技术派教师”的修炼路上，我一路摸爬滚打，从“边缘”到“闪耀”，不断追逐我的梦想。

行远小学提倡“人人都是信息技术教师”，提升自我素养，挑战自我潜能，实现自我梦想。目前，行远小学教师100%自主直播授课；100%实现无纸化办公和伴随式记载；100%会设计活动海报；90%会使用音视频制作软件；90%会简单的机器人编程和3D打印……在这样一个新媒体时代，这两年的修炼之路，让我们实现了跨越式成长。

这就是一个“技术小白”到“技术派教师”的修炼之路，我将不断拓宽技术视野，提升信息素养。合理利用网络资源，将传统经验与现代信息技术有机结合，提高教学效益，增强课程的育人效果。朝着光亮那方，继续前行。

案例4
用提问开启深度阅读的单班创生课

良好的深度阅读能力，就像是一把能够开启孩子自主学习、积极思考、探寻知识大门的金钥匙，这种能力帮助孩子拥有耐力、专注力，还有受益一生的求知精神。《义务教育语文课程标准（2022年版）》指出：第二学段的学生要尝试阅读整本书，用自己喜欢的方式向他人介绍读过的书。以行远小学“多课型混搭”之一的单班创生课为载体，我们在本校四年级学生群体中，以《夏日天鹅》为共读书目，紧扣提问策略进行巩固并迁移运用，通过组课的形式以导读课、推进课、延展课层层递进，开展整本书阅读，将课外阅读课程化。

组课之一：导读课·链接教材，激发阅读欲望

积极的阅读必然是以学生的阅读欲望为根基。因此，在开展整本书阅读计划之前，我设计了一堂导读课，从“导兴趣”和“导方法”两条路径，开启学生对《夏日天鹅》这本书的认识。

这节课上，我和学生首先利用了封面、插图，以及凸显本书核心的情节图一起绘画了班级背景墙，这是一次新鲜且有趣的体验；然后，我引导学生关注封面、封底、目录，提出自己的问题，在一次次提问中激发他们的阅读欲望，调动学习兴趣。不过，单纯地“问什么”远远不够，还要在学生提问的过程中引导他们“如何问”。因此，我们一起回顾了本单元的语文要素，即阅读时尝试从不同的角度去思考，提出自己的问题；还巩固了提问策略，即围绕内容、写法、联系生活经验等角度提问。希望孩子们在阅读过程继续提出不懂的问题。

组课之二：推进课·运用策略，撬动本书阅读

在学生的阅读过程中，必定会产生一些阅读障碍。如果不解决这些障碍，那么学生的阅读很容易停留在表面，平平无奇，缺乏自己的理解和思考。因此，引导学生把握本书框架，建立自己与主人公、文本之间的联系，并从写法、内容、联系生活实际等方面多角度提出问题，成了必须解决的问题。这也是本节推进课的主要目标。

概括本书的主要内容、理清人物关系是最基础的了解，也是学生伸伸手就可以达成的目标。但建立和文本之间的联系，则需要教师搭建脚手架，为他们垫垫脚达成目标提供阶梯。本节课中，我们设计了三个学习单：一是基于文本内容，提取主人公萨拉成长中的苦恼和疑惑；二是利用表格，掌握影响萨拉改变的关键人和事；三是联系生活实际，梳理自身成长中的烦恼，建立自己的“成长清单”。通过三个清单，学生充分解读文本，了解主人公萨拉改变的原因；链接自己的生活，建立和文本、主人公的深刻联系，促进深度阅读。

组课之三：展延课·聚焦问题，培养思辨能力

思维的发展和提升是深度阅读的进阶。所以，培养学生的思辨能力也是本组课教学目标之一。但以怎样的方式实现这个目标？我和同组教师商量后，我们采取了辩论赛这种形式。从选题、准备到开展，整个过程我们都充满期待，也充满信心。

我们选择从《夏日天鹅》第五章中提取辩题：长相是否重要？首先，我们引导学生搜集关于“长相是否重要”方面的资料，让他们多角度看待问题。然后给学生播放脱口秀大会视频，延展学生思维。经过一周的准备，辩论赛如期举行，如师生所愿，非常成功。课后，我收集了学生关于导读课和辩论赛的体会收获以及学生关于《夏日天鹅》这本书的海报设计，并且进行了班报和视频发布，反响非常不错。

回顾这组单班创生课，我们一直贯穿用提问策略开启、推进、延展学生的深度阅读。在后面的课外阅读课程实践中，我也发现学生对于深度阅读有了初步的认识，会去主动提出问题、积极思考，悟出自己的见解。每次想到这里，我都会由衷体会到育人的幸福。

案例5
从“茫然无措”到“破茧成蝶”——记“雾在哪里”开合班组磨课心得

入职第二年初，获得上一堂展示课的机会，我高兴之余又压力倍增，因为这堂课将以学校最新的课型“开合班组”的形式来完成。所谓开合班组，即打开相邻两个班教室的隔墙，将两个自然班组合成一个大班。班级学生人数一下从40增加到80，对于刚入职的我来说，无疑是一次巨大的挑战。如何把握课堂节奏？如何组织教学？如何结合《义务教育课程方案和课程标准（2022年版）》来提高孩子的核心素养能力？又如何兼顾每一位孩子？经历了选题、备课、研课、磨课、评课、修改、反思的全过程，我深刻体会到一堂好课需要学生与教师共同成就。

一、选题——深思熟虑终定夺

不是每一堂课都适合上开合班组课，选定好合适的课题是上好这堂课的关键。

最初，我们组内选择《雪孩子》这一课，以班与班互相PK的形式读出人物对话中的不同语气，再通过了解故事内容，感受雪孩子的勇敢善良。但在备课过程中，我们发现这样的课太常规，开合班组两个班孩子互相学习的样态无法展示出来，怎么办？组内遇到第一次的选题“瓶颈”。

接着，组内再次组织研讨，重新梳理二年级上册整本书的教学内容与目标。

二年级重视朗读练习，引导学生把课文读正确、读流利；关注语言现象，学习语言表达；倡导自主的阅读实践活动。基于此，组内选择《纸船与风筝》一课，通过多种方法自主识字、自主阅读；借助提示，复述课文。但在研讨过程中，我们又再次提出疑惑：这样的课太考验孩子的学习能力，两个班的孩子的水平参差不齐，怎么能兼顾每一位孩子？这一次，组内再次推翻选题。

我们沉下心，结合开合班组的优势，再次组织研讨，再次梳理整本书。这一次组内所有成员解读每个单元要素，解读每篇课文的位置，解读文本秘妙。反复斟酌后，我们选择部编版二年级上册第七单元的第二篇课文《雾在哪里》（附图1.1）。本单元主题是"想象"，教学重点是"展开想象，获得初步的情感体验"。《雾在哪里》是一个童话故事，作者运用拟人的手法，将"雾"这一人们熟悉的自然现象，描述成小孩子和世界捉迷藏的故事，整篇文章生动有趣。二年级孩子已具有丰富的想象力，面对想象类课文，需要打开已有的认知，激发更多的想象。

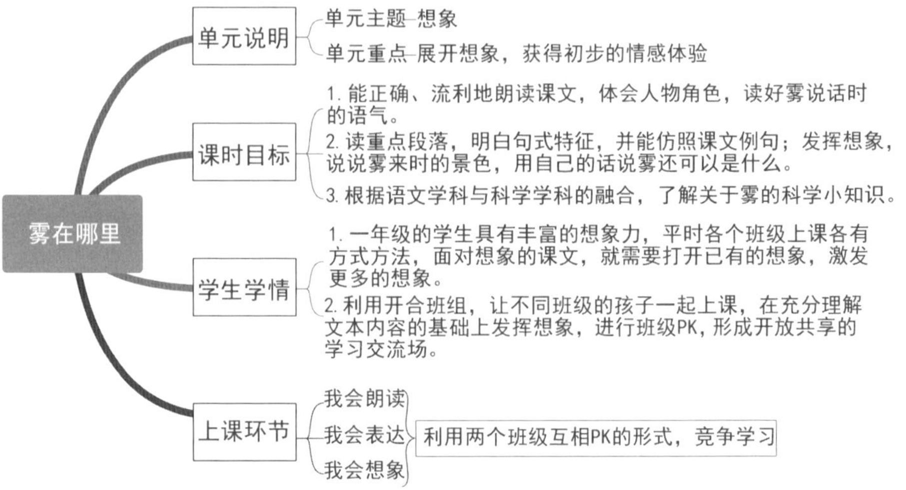

附图1.1 《雾在哪里》分析

组内结合单元目标、课时目标、学生学情，确定教学目标。以"朗读PK""我会表达""发挥想象"三个活动，给学生一个交流场，互相学习与借鉴，进行想象的激发与碰撞。

作为上课教师，我根据本课的教学编排和学生的认知水平，进行独立备课、说课，经过不断修改，教学设计初稿框架基本成型。

二、磨课——反复切磋求成形

第一次磨课：陷入“泥”潭

第一次线上，面对80位学生，借助“无论……还是……”的语言支架让孩子迁移表达，发挥想象。一堂课的两个班级的孩子：表达好的学生不停发言，止不住；其余孩子又闷着不说话，不参与；再加上80位孩子缺乏有效地教学组织，一旦打开话匣子，根本收不住嘴。课堂场景一片混乱，上到一半，我请求下课，课堂难以继续……

自我剖析原因：面对不同学情、不同接受度的孩子在一起，教师心中只有“一份教案”，事先的预设并不能满足课堂的变化；再加上面对不同性格的孩子，教师上课前没有讲好课堂规则，导致教学组织混乱不堪，最终只能宣告失败。

第二次磨课：渐入佳境

推翻重来，面对80位低段的孩子，既然一位教师“势单力薄”，上起课来有困难，何不寻求更多人的帮助？我们想到借助小组长的力量，让组长带领组员共同学习。课前将两个班级学生根据学校“万物养正，登高行远”的文化理念提前分组为“登高组”和“望远组”，再将两大组孩子分成8个小组。8个组长之间互相PK，化“被动学习”为“主动学习”。上课中利用班级PK榜，让两个班级的孩子实时可见PK分值，形成竞争学习的氛围。

这一次磨课，在教学组织上有了很大进步，但组长带领组员学习的作用却没有最大限度地发挥出来，小组成员学习的主动性也没有激发出来，使得整堂课变成8个组长之间的PK。

究其原因，是前期没有明晰组长的职责，没有进行明确分工。因此，组长们在这节课上不知道如何有效带领组员们进行学习。

第三次磨课：柳暗花明

针对第二次的磨课情况，组内立即进行研讨反思并优化教学设计，充分利用课前3分钟时间，明晰“小组长的职责”，讲清楚本节课“我们需要干什么”

“组长们能发挥什么作用”等，获胜小组的组长还可以变身为“小助教”，带领孩子学习。小组长的职责：管理好小组内的课堂纪律；组织好小组有序讨论学习；提醒组员控制音量。

在课中，借助激励性语言评价让两个班孩子互相竞争学习，明确获胜班级可以在学校“智学评价”平台上进行加分；利用适度的体态语言评价孩子的学习样态，如一次会心的微笑、一个赞赏的眼神、一个鼓励的动作；最终结合PK榜，从领先的小组中选出本节课的“小助教”，带领孩子学习“关于雾的科普小知识”。

“小助教”带领学生学习的内容有雾是怎么散的、还想了解关于雾的哪些知识、将查到的资料制作成思维导图并分享到班级群里。

三次线上，《雾在哪里》开合班组初见成效，又整合组内教师的反馈意见进行修改，不断完善细节，最终形成了本节课的教学设计。

三、展示——蚕蛹破茧终成蝶

上课当天，两个班的孩子满怀信心，争当胜利的那方。整节课的学生学得轻松，我也完全进入状态，跟着孩子一起学习。通过“互相PK”的方式激发孩子的良性竞争意识。在上课过程中，我看到PK榜上落后的一方，赶紧提醒；看到不停加分的组别，也偶尔“放放水”让落后的小组追赶上来。就这样，我成了这堂课的观察者、激励者、伴学者，再加上孩子们全情投入、思维活跃，整堂课呈现的效果超乎想象。

这次上课的经历，让我更加明白一堂好课需要教师与学生的共同成就。

四、感悟——五味杂陈促成长

《雾在哪里》的“磨课”经历，我的内心体验可谓“五味杂陈”。但在一次次的推翻重来中，我也清晰地认识到一堂好课是怎样炼成的。

打破认知——注重其主体性

“知之者不如好之者，好之者不如乐之者。”学生作为学习主体，如果从根本上缺乏内需，学习就无法发生。在教学中，教师应将课堂中的教授角色弱化，放手让学生学。在任何一堂课上，教师面对不同的学情、不同的感知力、不同的性格的学生，都需激发学生的学习兴趣，调动学生学习的主动性，从而增强学习内驱力。

自主探索——培养其思维

学生的个体不同，其思维方式也存在着差异。在《义务教育课程方案和课程标准（2022年版）》中提出，要培养学生的思维能力。因此，在教学中，教师一定要留给学生独立思考的时间，创设个性思维独立发挥的平台。如在《雾在哪里》中搭建语言支架，进行迁移想象，充分调动学生的个性思维能力，激发个性思维潜力，使学生思维得到充分有效的锻炼和发展。

这一次特殊的“磨课”经历，丰富了我的教学经验，对于入职1年的我来说，无疑是“最美的礼物”。这一次磨课暴露出自身很多的问题，如教学语言平缓，没有高低起伏；课堂评价语缺乏，不能抓住学生的出彩点进行总结升华；教学组织还有待提高等。但我相信，刀越磨越亮，课越磨越精。在日常教学中的每一课都应以“磨课”的态度来对待，不断丰盈自身、打磨自身，方能突破自我、破茧成蝶。

案例6
室外探究，不二行远

刚进行远的第一天，走进校园就被一阵热闹的加油声吸引。定睛一看，行远微菜园里有两支队伍正在比赛拔萝卜。孩子们有的负责拔，有的负责递，有的负责运，有的跺着脚、扯着嗓子喊加油。他们精神抖擞，玩得不亦乐乎……原来这就是室外探究课，我真是做梦都没想过课堂还能这么玩！这个课堂充分利用了大自然和生活场作为我们生活的教材，让孩子们真正实现课堂自由，边学边玩。作为孩子王的我对此课型着迷，因此，我开始了一系列室外探究课的尝试。

一、寻找春天，带领学生“一课游行远”

一场春雨后，猛然发现学校的油菜花开了，小树也都争相发芽，整个校园生机勃勃，孩子们对外面的世界充满着好奇。于是，借此契机，我们开展了一堂以“校园里的春天”为主题的室外探究课，带领学生“一课游行远”。

春天的课堂由一个问题展开：“孩子们，你们眼中的春天是什么样的?”“春天是嫩绿色的。”“春天是黄色的。”“春天是生动活泼的。”……孩子们的回答丰富多彩！“是啊，春天既有生动的外部特征，又有有趣的灵魂。今天，我们一起走出教室去找找春天吧！”

在组织孩子们去往劳动基地的路上，他们惊喜不断：“看，校园里的小树全都发芽了！”当我们走近劳动基地，一股油菜花香扑面而来。我放任孩子们在油菜花中跳跃、奔跑、嬉笑，他们用快乐渲染着春的模样。当孩子们激动的心情稍作沉淀之后，我组织他们围坐一团，抛出了第二个问题：“我们校园中的春天是什么样的?”孩子们争先恐后地举手发言：“校园里的春天是五颜六色的。”“校园里的春天是快乐的、自由的。”……他们字字句句无不表达着对春的热爱。俗话说：“光说不练假把式。”凡事都要落到笔头上。我鼓励孩子们写诗、做画任选其一，提醒孩子们先定好主题、拟出框架，最后填充内容。经过一阵热烈的讨论，孩子们便两两一组开始了创作。他们写的写，画的画。一阵即兴创作之后，孩子们便有序地分享他们的大作，而其他组成员便是今天的点评嘉宾！他们语出惊人，你一言我一语，快乐极了，而我也成了他们最忠实的听众。就这样，这堂课在欢声笑语中结束。

孩子们在这节室外探究课中，不仅收获了快乐，还增长了知识，锻炼了多元思维。而我也尝到了这一课型的甜头，一堂好的课堂并非得困在那一本书、一张张桌椅板凳和四面墙壁之下。走出教室，大自然的魅力将激发出孩子们的无限潜力。

二、英语赛课，换个空间，让学习真实发生

在一次成功的尝试以后，基于单元食物制作的话题，我又萌生出在食堂上一堂英语课的想法。说干就干，在全组成员的帮助下，我在食堂开展了一堂以“Make a salad”为主题的室外探究课。

“Hello，everybody，please listen to me.”课堂以一首旋律优美、充满律动感的英文歌热身开场，孩子们徜徉在歌声中，情不自禁地哼着小曲，随着节奏欢快地舞动起来！情绪被极大地调动了起来。我招呼孩子们系上围裙在烹饪馆团团围坐，桌面上摆满了琳琅满目的水果，再配上刀叉、菜板、盘子和酸奶。借着真实情景，我抛出了几个问题：“借用桌上的材料，你想做哪种食物？有哪些主要步骤？又要注意哪些先后顺序?”孩子们似乎个个是大厨，争先恐后地回答问题、阐述步骤，一个接着一个……通过这样的生生互动、小组问答，我们剥笋式地学习了制作沙拉的关键词和相应句型。经过一番学习之后，孩子们便两两一组分工协作，亲身试验制作沙拉。他们洗的洗、剥的剥、切的切、拌的拌，场面热闹非凡！经过一番努力之后，就到了展示成果的时间了。看着自己亲手制作的沙拉时，他们的脸上浮现出满满的成就感，开心不已。为培养孩子们的英文表达能

力，我便尝试着请各个小组的孩子派代表来讲解一下他们的沙拉制作过程。他们一边展示，一边用英文讲解制作步骤，自信满满的样子，俨然一个个英文美食主播！展示完成后，他们将美食相互分享，共同品尝自己的劳动成果。就这样，一堂室外探究课在美味中画上了完美的句号。

当我们打破课堂常规，将孩子们置于沉浸式学习的课堂环境里，不仅突破了传统的教学模式，让孩子们回归天性，在玩中学、学中玩，使学生成为课堂真正的主人；还打破了思维定式，激发了孩子更多的创作灵感，丰富他们的学习经历。

三、劳动体验，畅享土地的馈赠

冬天，行远种植吧里的萝卜成熟了。我有幸成为行远劳动课程小组的一员，带着孩子们上了一堂行远种植吧里的劳动课。

在劳动课上，我带领学生回顾了养护萝卜和蒜苗的前期种植过程，向他们提问："你知道拔萝卜和蒜苗有哪些方法?"同学们回答得十分积极，都跃跃欲试。我把孩子们分为了"锄禾日当午队"和"汗滴禾下土队"，每队设一个队长，队长要根据拔萝卜和蒜苗的任务卡给队员安排相应的任务。第一个任务是：从土里拔出萝卜。这让孩子们犯了难，有的孩子怎么也拔不出萝卜。为了有效解决这一问题，我在萝卜地里带着学生一边拔萝卜一边读拔萝卜的行远童谣："挑萝卜，圆又大；抓底部，慢慢拔；晃一晃，松松土；剪根叶，小心拿；洗干净，笑哈哈；会劳动，好童娃!"边说边做是最能巩固劳动技巧的，一时间种植吧里朗读童谣的声音绵绵不绝。拔完了萝卜以后，小队长安排了专门剪根须、叶子和清洗萝卜的同学，大家分工明确，团结协作，不一会儿两个队就都完成了任务。

在拔蒜苗时，孩子们学会了举一反三。他们告诉我萝卜和蒜苗都是需要连根拔起的，所以方法就是一样的，都需要抓住最靠近泥土的地方摇两下再拔。孩子们的双手沾满了泥土，脸上挂满了笑容。两个队伍的劳作任务顺利完成，丰收区整齐摆满了萝卜和蒜苗。两个队伍的孩子分别进行了劳动汇报。有的孩子说他掌握了怎么拔萝卜和蒜苗的技巧，以后可以帮老家的爷爷奶奶拔萝卜了；有的孩子说劳动好累，农民伯伯们好辛苦，我们要节约粮食，践行光盘行动……最后，孩子们拔出的萝卜和蒜苗都被送到了食堂。午餐后，孩子们告诉我今天的午饭格外好吃。

在泥土里的室外探究课，孩子们收获了劳动技能，感受到了劳动带来的快乐，也切身体会了蔬菜种植和收获的辛苦与不易，这是一种多感官共同参与的学习过程。《义务教育课程方案和课程标准（2022年版）》提出，教师要根据学生的认知特点，设计多感官参与的语言实践活动，围绕主题通过感知、模仿、观察、思考、交流和展示进行活动。室外探究课让学生在真实的情境下，有着真实的学习体验，收获真实的感受，而非一些“假、大、空”的说教，这也是我们探索该类课程的初心。

如今，室外探究课已然成为行远小学比较常见的一种教学方式，在开展的过程中其优势明显。它将学习与生活结合起来，让学习成为一件新奇有趣的事情，不仅提高了学生学习的主动性、增强了学习内驱力、提升了自主探究能力，还发展了学生的多元思维。

同样，在一次次室外探究课的探索中，作为教师的我们也是收获满满。课堂授课不拘泥于“四方教室”，更多地关注在让学生的学习过程真实发生，思维方式也发生了转变。张咏梅教师曾说：“每个岗位都在打磨你的一个方面，经历的岗位越多，你被打磨的角度越多，慢慢地，你就会像钻石那样熠熠生辉。”我相信，在行远小学的每一次尝试都是一次历练，这些历练终将使自己熠熠生辉，你亦行远，我亦行远。

案例7
我的网络直播课进阶之路

2020年，新型冠状肺炎病毒让一切都按下了暂停键！然而，开学临近，停课不停学的口号拉响了网络直播课的战斗号角。是的，它正是一场教育方式革新与教师技能素养的战争。

硬着头皮，迎挑战

教书育人是教师的天职。全校在号召下，做起了钉钉网络直播。从三尺讲台转为网络直播，最大的挑战便是我们教师。因为网络直播课面对的，有可能不只是孩子，还有可能是孩子的父母、孩子的爷爷奶奶，甚至是感兴趣的其他观众。对我而言，这是一个挑战。我感觉压力很大，因为我的表现不仅仅代表我自己，还代表整个学校、整个年级的教学形象。但是，无硝烟的战争已经打响，我们作为教师，上课就是天职，硬着头皮也要上。

手忙脚乱，上战场

见过网络直播卖货，听过网络直播论坛，观摩过网络直播赛课，轮到自己上网络直播课时，才真正体会到了忐忑、慌乱、紧张是那样的难以克服。

课前，我按照课前准备好的直播课程准备清单提前熟悉操作流程：用钉钉软件通知所有的孩子做课程提醒。进入直播间，课前准备时添加背景音乐，调试话筒和麦克风设备，将扬声器调至75，动画超链接视频时关闭话筒、打开扬声器……对于每一个环节、每一个步骤，我都小心翼翼地操作着、熟悉着，生怕漏掉哪一个环节，生怕哪一个环节出错，导致整个直播课失败。我不断地在心里重复着每一个步骤。定好的开课闹钟一响，我立即进入准备状态。孩子们陆陆续续地进入直播间，我和孩子们打着招呼，孩子们在群里回复“1”和我互动。好势头不一定有好结局。正当我欣喜设备没有出问题时，直播间传来刺耳的杂音。我慌乱地点着鼠标，语文群里的伙伴们不断地给我发消息：“关一下扬声器”“麦克风和扬声器不要同时打开”“关闭同学的连麦申请”……我向学生告知设备出问题了，请孩子们耐心等待……调试好声音后，我以为不会再出状况；然而，关闭声音时关掉了摄像头，打开摄像头后，话筒被误点到静音；学生申请连麦迟迟连接不成功，连接成功后网络断断续续，孩子们听不清；正当播放视频资源时，网络掉线……各种各样的状况，让自己手忙脚乱。第一次的网络直播课，以不完美收场。

熟能生巧，长信心

第一次网络直播课失败后，年级组展开讨论，统一观看各个教研组的课堂准备阶段的回放，找到直播课技术上的问题，由年级组内的技术型教师指导培训开课设备的调试。同时，找出了教师直播过程中生硬的语言问题和互动不足的问题，利用空余时间训练课堂上的语言表述，尽量让学生的体验和听课感更真实。在一遍又一遍地反思研讨后，年级组约定每一堂直播课上课之前，以试播的形式预上课，组内成员轮流当主播，其余教师当学生试听课。有时，一场试播就要试播两三个小时，但我们乐此不疲，每个人都为年级组成员的成长贡献自己的智慧。于是，网络直播课的课堂语言、钉钉技术操作，从陌生到熟练，让我自己对网络直播课也有了更多的期待。

共研共生，提质量

为了提升课堂效率、提高教学效果、和家长形成有效互动，教研组组织我们边教边反思，寻找更多的、更新的教学方法。利用Classin的答题板，我们设置任务群，利用任务驱动，提高孩子们在学习中主动探索合作学习的能力。在学校管理层、教研组和部分教师的帮助与提醒下，我的网络直播课有了质的飞跃——备课更细致，开课更熟练，课堂上也更从容。召开线上家长会和散学典礼时也能看到孩子们和家长们自信大方地与我互动。

回头看，停课不停学的那段时光，虽然艰难，但也走了下来。我时常想，只有调整教与学的方式，才能让孩子们在新的教育的时代中更好地获益。